PROFESSORES INICIANTES
E PROCESSOS DE INDUÇÃO:

CAMINHOS PARA
UM DESENVOLVIMENTO
PROFISSIONAL QUALIFICADO

LAURIZETE FERRAGUT PASSOS
PATRÍCIA CRISTINA ALBIERI DE ALMEIDA
ADRIANA TEIXEIRA REIS
(ORGS.)

PROFESSORES INICIANTES
E PROCESSOS DE INDUÇÃO:

CAMINHOS PARA
UM DESENVOLVIMENTO
PROFISSIONAL QUALIFICADO

Capa	Fernando Cornacchia
Coordenação	Ana Carolina Freitas
Copidesque	Mônica Saddy Martins
Diagramação	Guilherme Cornacchia
Revisão	Laís Souza Toledo Pereira

Dados Internacionais de Catalogação na Publicação (CIP)
(Câmara Brasileira do Livro, SP, Brasil)

Professores iniciantes e processos de indução: caminhos para
um desenvolvimento profissional qualificado / Laurizete Ferragut
Passos, Patrícia Cristina Albieri de Almeida, Adriana Teixeira Reis
(orgs.). – Campinas, SP: Papirus, 2024.

Vários autores.
Bibliografia.
ISBN 978-65-5650-185-7

1. Educação 2. Ensino – Metodologia 3. Política educacional
4. Pedagogia 5. Prática de ensino 6. Professores – Formação
I. Passos, Laurizete Ferragut. II. Almeida, Patrícia Cristina Albieri
de. III. Reis, Adriana Teixeira.

24-219658	CDD-370.71

Índices para catálogo sistemático:

1. Professores: Formação: Educação   370.71

Cibele Maria Dias – Bibliotecária – CRB-8/9427

1ª Edição – 2024

Exceto no caso de citações, a grafia deste livro está atualizada segundo o Acordo Ortográfico da Língua Portuguesa adotado no Brasil a partir de 2009.	Proibida a reprodução total ou parcial da obra de acordo com a lei 9.610/98. Editora afiliada à Associação Brasileira dos Direitos Reprográficos (ABDR). DIREITOS RESERVADOS PARA A LÍNGUA PORTUGUESA: © M.R. Cornacchia Editora Ltda. – Papirus Editora R. Barata Ribeiro, 79, sala 316 – CEP 13023-030 – Vila Itapura Fone: (19) 3790-1300 – Campinas – São Paulo – Brasil E-mail: editora@papirus.com.br – www.papirus.com.br

SUMÁRIO

COMO TUDO COMEÇOU:
UM LIVRO-HOMENAGEM.. 7
Laurizete Ferragut Passos, Patrícia Cristina Albieri de Almeida e
Adriana Teixeira Reis

1. INDUÇÃO PROFISSIONAL DOCENTE:
   POR QUE SE IMPORTAR COM ISSO?.. 21
   Elana Cristiana Costa e *Giseli Barreto da Cruz*

2. POLÍTICA DE INDUÇÃO DE PROFESSORES
   INICIANTES NO CHILE:
   APRENDIZAGENS E DESAFIOS DA EXPERIÊNCIA................................ 43
   Ingrid Boerr e *Carlos Eugenio Beca*

3. PROCESSOS DE INDUÇÃO PEDAGÓGICA
   DO PROFESSOR INICIANTE:
   PRINCÍPIOS DO TRABALHO FORMATIVO.. 69
   Érica Cristina de Souza Sena, Maria de Fátima Ramos de Andrade e
   Ana Silvia Moço Aparício

4. RESSIGNIFICANDO AS PRÁTICAS FORMADORAS PROMOVIDAS POR COORDENADORAS E SUPERVISORAS PEDAGÓGICAS: UM MOVIMENTO EM FAVOR DA INDUÇÃO DE PROFESSORES INICIANTES 95
Francine de Paulo Martins Lima e *Gláucia Signorelli*

5. DESENVOLVIMENTO PROFISSIONAL DE PROFESSORES INICIANTES E EXPERIENTES: INDÍCIOS DE PROCESSOS DE INDUÇÃO EM MATO GROSSO 121
Simone Albuquerque da Rocha e *Rosana Maria Martins*

6. COMUNIDADE DE APRENDIZAGEM DOCENTE: O ENTRELUGAR EM FACE DAS DIFERENTES CONCEPÇÕES DE INDUÇÃO PROFISSIONAL 141
Fernanda Lahtermaher e *Giseli Barreto da Cruz*

7. POSSIBILIDADES FORMATIVAS NO INÍCIO DA CARREIRA DE PROFESSORES E ORIENTADORES PEDAGÓGICOS 161
Daniela de Ávila Pereira Lourenço, Renata Prenstteter Gama e *Vivian Maggiorini Moretti*

8. CASO DE ENSINO COMO ESTRATÉGIA METODOLÓGICA NA FORMAÇÃO DE FORMADORES DE PROFESSORES INICIANTES 189
Lisandra Marisa Príncepe, Rodnei Pereira, Walkiria de Oliveira Rigolon e *Laurizete Ferragut Passos*

9. INDUÇÃO E IMERSÃO PROFISSIONAL POR MEIO DE CASOS DE ENSINO E DE DIÁRIOS REFLEXIVOS: TESSITURAS DE PROFESSORES(AS) INICIANTES 215
Maria Joselma do Nascimento Franco, Ray-lla Walleska Santos F. Gouveia e *Mônica Batista da Silva*

SOBRE OS AUTORES 237

COMO TUDO COMEÇOU:
UM LIVRO-HOMENAGEM

Laurizete Ferragut Passos
Patrícia Cristina Albieri de Almeida
Adriana Teixeira Reis

O título desta apresentação se torna mais bem compreendido no contexto da história de um grupo de professores e pesquisadores de diversas regiões do país, com significativa produção no campo da formação e do desenvolvimento profissional de professores e que hoje compõe a Rede de Estudos sobre Desenvolvimento Profissional Docente (Redep). Esse grupo participou de diversas pesquisas coordenadas pela professora Marli André (*in memoriam*), que, na PUC-SP, conduzia o Núcleo de Estudos e Pesquisas sobre Desenvolvimento Profissional Docente.

Este livro, além de reunir textos que resultam de investigações desenvolvidas pelos integrantes desse núcleo, cumpre também a honrosa função de homenagear nossa pesquisadora de referência, que nos deixou há três anos. Com ela, aprendemos não só a fazer/desenvolver pesquisas e produzir conhecimento de forma coletiva, mas, principalmente, a reconhecer e questionar a realidade cotidiana das escolas e de outros espaços educativos e a buscar, juntamente com os profissionais que neles atuam, alternativas metodológicas de investigação que possibilitem formas variadas de conhecer a realidade e transformá-la. Uma geração de pesquisadores foi influenciada pelas reflexões de Marli André, por suas críticas e, especialmente, pelas possibilidades metodológicas na vertente da pesquisa qualitativa.

Pode-se afirmar que os textos deste livro, além de refletirem as aprendizagens construídas e decorrentes de estudos, debates e diálogos vividos pelos autores nos encontros mensais do referido núcleo de pesquisa, traduzem perspectivas teóricas, metodológicas e político-acadêmicas assumidas pelo grupo num processo de aprender a pesquisar em conjunto de forma articulada e colaborativa, o que passou a ser um desafio.

O desafio de pesquisar junto foi uma constante nos projetos coordenados pela professora Marli André, bem como a prática de publicização dos resultados em forma de livros e artigos. Seu compromisso ético-político de divulgação e compartilhamento dos conhecimentos trazidos pelas pesquisas somava-se à defesa que fazia da formação pela pesquisa e da pesquisa que forma, seja a do pesquisador, seja a do professor. O esforço empreendido na organização desta obra vai na direção de mostrar o alcance dessas ideias e, de forma especial, a articulação de conceitos e de reflexão em diálogo com as ações desenvolvidas em torno do tema de interesse comum de todos os autores: *os processos de indução do professor iniciante da escola básica.*

Os estudos e pesquisas sobre o tema da iniciação profissional e os desafios que o jovem professor enfrenta no momento de entrada na carreira e que caracterizam os primeiros anos de trabalho têm crescido nos últimos anos. Contudo, a literatura no nosso país ainda é escassa quando se trata do desenvolvimento de mecanismos de apoio e acompanhamento pedagógico que favoreçam a superação desses desafios para os que ingressam na carreira docente.

Acatamos a provocação do pesquisador português Antônio Nóvoa, que, em textos de 2006 e de 2022, constata que cuidamos pouco dos professores em seus primeiros anos de atuação nas escolas e que o futuro e a renovação da profissão docente dependerão, em grande medida, desse cuidado. Essa realidade coloca em evidência o papel da universidade e, de modo especial, da escola e das políticas públicas para favorecer o ingresso do professor iniciante, bem como sua socialização profissional.

Assim, tendo como fator disparador a preocupação com os professores iniciantes na carreira docente nas escolas públicas da educação básica, este livro reúne estudos que têm como foco os processos ou ações de indução, esta entendida como apoio e acompanhamento que podem ser mobilizados pelas próprias escolas públicas ou pelas secretarias de educação em parceria com os pesquisadores da universidade.

Os artigos, de autoria de pesquisadores participantes do núcleo de pesquisa, traduzem conceitos decorrentes das reflexões teórico-metodológicas que orientaram o projeto guarda-chuva sobre o tema e que se constituiu no articulador de vários subprojetos desenvolvidos em diferentes contextos e regiões do país, todos com o propósito comum de responder aos seguintes questionamentos: como as escolas públicas e as redes de ensino vêm se organizando para acolher e acompanhar os professores iniciantes? É possível desenvolver com os professores e gestores das escolas um processo de discussão e reflexão coletiva para o delineamento de ações institucionais de acompanhamento (indução) de professores iniciantes? É possível estabelecer parceria com as secretarias municipais de educação para a proposição de programas de indução aos professores iniciantes?

Penetrar nas realidades escolares para responder a esse conjunto de questões exigiu dos pesquisadores diálogo e parceria com os profissionais da escola para uma atuação conjunta, baseada num compromisso com políticas e práticas de formação de professores. Os resultados e reflexões apresentados nos artigos demarcam não só as trilhas percorridas pelos autores em busca de conhecimentos sobre os processos de indução aos professores iniciantes, como também reafirmam um modo de fazer pesquisa de uma perspectiva colaborativa, marca presente nos projetos coordenados pela professora Marli no núcleo de pesquisa.

Conhecer os projetos ali desenvolvidos permite compreender como os temas se articulavam uns com os outros, ou seja, a decisão de um tema ou problema a ser investigado se originava das indagações provocadas pelos resultados do projeto anterior. Assim ocorreu com a indução profissional, tema emergente e que foi se revelando no decorrer dos projetos de pesquisa voltados para a formação inicial e continuada do professor iniciante.

Tempo, atores e desafios:
A constituição de um grupo de pesquisadores
voltado para os processos do desenvolvimento
profissional dos docentes

Os caminhos de pesquisa trilhados no núcleo sempre tiveram como principal foco de estudo a formação e o desenvolvimento profissional dos docentes, delineados em quatro dimensões que orientaram as investigações do grupo, conforme a Figura 1.

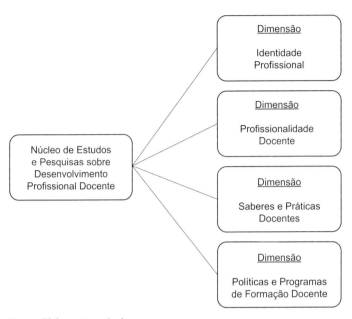

Figura 1 – Dimensões do Núcleo de Estudos e Pesquisas sobre Desenvolvimento Profissional Docente

Fonte: Elaboração própria.

As pesquisas que contemplam essas dimensões podem ser compreendidas da seguinte forma: *identidade profissional* se concentra na análise dos processos de formação da identidade de professores, gestores e alunos; *profissionalidade docente* examina os conhecimentos, as atitudes e disposições que constituem a prática profissional dos docentes, assim como os processos de aprendizagem associados à profissão; *saberes e práticas docentes* se dedica aos diversos conhecimentos envolvidos na prática docente, considerando suas interações com o contexto institucional e o desempenho em sala de aula, bem como as condições de trabalho; *políticas e programas de formação docente* se propõe a investigar, dentro das instâncias públicas de gestão educacional, ações que venham a contribuir para o desenvolvimento profissional dos docentes.

Com essas perspectivas de pesquisa, a temática do professor iniciante, tema central deste livro, estava germinando já no início do núcleo, cujos projetos se voltavam para os processos de formação inicial e continuada dos profissionais da educação, na busca de compreendê-los em suas histórias e trajetórias, saberes, representações, emoções, bem como em suas relações e práticas no contexto institucional.

Para investigar tais problemáticas, o núcleo de pesquisa se dividia em grupos de pesquisadores que trabalhavam nos subprojetos, todos derivados do projeto articulador coordenado pela professora Marli André entre os anos de 2005 e 2020 e financiados pelo Conselho Nacional de Desenvolvimento Científico e Tecnológico (CNPq), o que dá uma média de uma pesquisa a cada três anos. Ao longo desse período, o núcleo também recebeu pesquisadores para estágio de pós-doutorado, com projetos aprovados por órgãos de fomento, o que enriquecia sobremaneira as discussões e a produção científica.

No decorrer desse período e nos contextos das pesquisas desenvolvidas, o núcleo seguia um método de trabalho que pode explicar sua atividade e longevidade.

A frequência e a dinâmica dos encontros, tanto com a participação de todo o núcleo como nos subgrupos, eram planejadas semestralmente. No núcleo, os encontros eram mensais, e o ritmo de funcionamento se alternava entre apresentação de pesquisas e seminários de estudos. Os temas dos seminários eram definidos em comum acordo, procurando contemplar os referenciais teóricos das pesquisas desenvolvidas pelos subgrupos, que, por estarem vinculadas às linhas de pesquisa, guardavam pontos comuns. Em alguns momentos, eram selecionadas questões metodológicas que derivavam das pesquisas apresentadas pelos subgrupos para serem objeto de discussão coletiva, como, por exemplo, o grupo focal ou os procedimentos de coleta de dados. Já no subgrupo, além dos encontros mensais, havia reuniões/encontros mais prolongados, com duração de dois dias inteiros em momentos de planejamento e/ou desenvolvimento dos projetos de pesquisa do grupo. Esses encontros possibilitavam uma aproximação maior entre pesquisadores que atuavam em diferentes regiões do país e contribuíam

12 | Papirus Editora

para delineamentos teórico-metodológicos e procedimentos de coleta de dados. Esses encontros também contavam com a presença de uma pesquisadora sênior convidada,[1] que atuava como consultora do grupo, o que permitia aprofundar o debate e alargar as perspectivas de análise das temáticas trabalhadas.

As *estratégias de condução* do *grupo* adotadas pela professora Marli André possibilitaram, entre outros aspectos: a construção de um referencial teórico que foi se consolidando ao longo do tempo, a constituição dos temas a serem investigados e a formação dos pesquisadores. A dinâmica que reunia mensalmente os participantes dos subprojetos possibilitava o levantamento de questões, descobertas e desafios enfrentados, o que contribuía substancialmente para o aprofundamento teórico-metodológico das pesquisas. Isso significava que os diferentes subprojetos desenvolvidos pelos participantes em espaços distintos puderam se alicerçar em um construto teórico e metodológico mais sólido e consistente.

A *dimensão colaborativa e formativa*, privilegiada pela professora Marli na produção das pesquisas, favoreceu a formação dos pesquisadores que integravam o grupo em diferentes momentos do seu desenvolvimento profissional. As produções ocorriam com base em uma temática ampla que articulava e fundamentava as diversas pesquisas desenvolvidas, ou seja, era um espaço coletivo de partilha de fundamentos teóricos e metodológicos. A definição de cada um dos projetos de pesquisa e o planejamento de execução sempre eram decididos coletivamente. A escuta era uma prática frequente, bem como as possibilidades de interação entre pesquisadores experientes e iniciantes e estudantes de mestrado, doutorado e pós-doutorado, que compartilhavam conhecimentos, experiências e práticas de pesquisa, o que possibilitou aprendizagens significativas para todos, como fruto das discussões conjuntas.

As diferentes formações acadêmicas e as experiências dos pesquisadores, principalmente daqueles com uma trajetória de pesquisa

---

1. A professora doutora Bernardete Gatti atuou como consultora do núcleo.

mais longa, contribuíram para que os pesquisadores que chegassem se apropriassem dos conhecimentos e práticas científicas. É dessa diversidade de experiências acadêmicas, institucionais, profissionais e de contextos regionais que se constituem as identidades dos pesquisadores desse grupo.

A articulação entre os projetos de pesquisa, como já mencionado, é um aspecto marcante da condução da professora Marli André no grupo de pesquisa. Foi uma sequência de cinco pesquisas em que a reflexão sobre os resultados de um estudo dava origem ao próximo.

Tudo começou com o projeto "O trabalho docente do professor formador" (2006-2009), que tinha como principais objetivos conhecer o professor formador e as condições para o desenvolvimento de seu trabalho docente. Os resultados direcionaram as decisões sobre o desenvolvimento de novos projetos, sempre com o esforço de preservar a articulação entre eles.

Como ponto de partida para essa pesquisa inicial, foram identificados dois focos de interesse: (i) o professor formador e o processo de desenvolvimento de sua profissionalidade, o que levou a investigar sua formação, sua experiência, suas motivações para escolher o magistério e os valores e significados associados à profissão, à carreira e ao seu papel como formador; (ii) os conhecimentos e práticas do formador, o que levou a investigar as fontes de conhecimento que o formador utiliza para desempenhar suas funções, suas estratégias de ensino e as condições de trabalho disponíveis em sua instituição.

Um questionamento que emergiu desse estudo foi: como lidar com os estudantes de graduação que ingressam na universidade em idade precoce, com expectativas de rápida qualificação, muitas vezes sem uma direção profissional definida ou com dúvidas consideráveis sobre sua permanência ou não no magistério?

Esse questionamento constituiu a problemática do segundo projeto "O papel das práticas da licenciatura na constituição da identidade profissional de futuros professores" (2009-2011), com ênfase nas perspectivas dos estudantes dos cursos de licenciatura em relação à

14 | Papirus Editora

carreira docente e ao papel das práticas de formação na constituição de sua identidade profissional. O estudo visou compreender as expectativas, as crenças, os valores e as concepções desses estudantes sobre a profissão docente, além de identificar os conhecimentos e as práticas do curso consideradas por eles mais ou menos significativas. Ademais, buscou-se analisar o efeito das disciplinas e atividades curriculares no desenvolvimento profissional desses alunos, futuros docentes.

A pesquisa apontou resultados que demarcaram a necessidade de investigar mais detidamente questões relativas à aproximação entre universidade e escola na formação dos futuros professores, assim como programas e políticas que favoreceriam a inserção dos iniciantes.

Assim, o terceiro projeto, intitulado "A aproximação universidade-escola na formação dos professores: políticas de inserção à docência" (2011-2013), revelou um novo enfoque de estudo, centrado nas políticas públicas e em sua influência na inserção dos estudantes dos cursos de licenciatura na carreira docente. Foram analisados três programas públicos de inserção na docência, considerando suas intenções, seus princípios, sua dinâmica de formação e seu conteúdo, bem como suas implicações para os alunos, futuros professores, e para as escolas. Também foram examinados documentos legais relacionados a esses programas. A conclusão geral da pesquisa foi que, do ponto de vista dos participantes, os três programas – Programa Institucional de Bolsa de Iniciação à Docência (Pibid), Bolsa Alfabetização e Bolsa Formação – constituem um avanço na formação inicial, no sentido de diminuir a distância entre a formação acadêmica e o espaço de trabalho ao possibilitar uma melhor articulação entre a teoria e a prática, contribuindo para a elevação da qualidade dos cursos de licenciatura.

Levando em conta os resultados dessa pesquisa, o grupo indagou se, de fato, os programas trouxeram os benefícios apontados por seus participantes. Isso gerou novas questões para o grupo de pesquisa, especialmente sobre a eficácia desses programas na inserção dos docentes e, ainda, sobre fornecerem ou não uma preparação adequada para lidar com os desafios iniciais da profissão e nela permanecer.

O grupo levantou as hipóteses de que, ao ingressarem na profissão, os egressos desses programas: (i) tinham um processo de inserção menos traumático que outros professores iniciantes, que não passaram por essas experiências; (ii) se sentiam mais preparados para enfrentar os desafios do início da docência; (iii) sabiam onde buscar recursos para vencer as eventuais dificuldades; (iv) tinham menos hesitações sobre permanecer ou não no magistério.

Essas hipóteses deram origem ao quarto estudo "Inserção profissional de egressos de programas de iniciação à docência" (2015-2017). A principal problemática da pesquisa foi: como se processa o início da docência de egressos que passaram por programas especialmente delineados para favorecer sua inserção profissional?

Foram considerados três programas já mencionados: Pibid, Programa Bolsa Alfabetização, criado pelo governo do estado de São Paulo, e Programa de Residência Pedagógica (PRP), promovido pela Universidade Federal de São Paulo (Unifesp).

Os participantes do estudo foram tanto os egressos desses programas que estavam atuando na docência quanto os gestores das escolas. Assim, com o mapeamento da destinação dos egressos, intencionou-se identificar, na escuta desses docentes, os elementos considerados como facilitadores ou dificultadores da inserção na docência.

Da perspectiva dos professores, os resultados da pesquisa indicaram que a experiência que tiveram nos projetos os ajudou a lidar com os desafios reais da sala de aula quando começaram a lecionar. O envolvimento com a prática escolar durante a formação permitiu que identificassem suas necessidades de desenvolvimento para lidar com desafios complexos no ambiente escolar, não demonstrando as fragilidades típicas de professores iniciantes, como falta de familiaridade com esse ambiente escolar e com a sala de aula ou em relação às diferentes necessidades de aprendizagem dos alunos, conforme descrito na literatura, dados que apontaram para um forte elemento de identificação com a profissão docente.

Por outro lado, em relação à inserção na escola, foi possível identificar questões relevantes levantadas pelos professores participantes da pesquisa, que revelavam situações que comprometiam sua permanência na docência, como a ausência de apoio e acompanhamento por parte da equipe gestora e dos docentes experientes, somada às precárias condições de trabalho oferecidas na maioria das escolas públicas. Vale destacar que muitos dos estudos decorrentes desse projeto reforçaram a importância da permanência dos programas de iniciação à docência como uma política pública relevante na formação inicial de professores.

A reflexão realizada pelo grupo abordou dois aspectos interligados e que mostraram requerer maior atenção. Primeiramente, que esse período singular do desenvolvimento profissional do professor não pode ser negligenciado pelas políticas públicas gerais e institucionais. Em segundo lugar, que sejam consideradas as novas situações que surgem no ambiente escolar e que exigem dos professores aprendizados no contexto de trabalho e a busca por alternativas e procedimentos, muitas vezes desconhecidos e não experimentados anteriormente.

Os questionamentos emergentes já delineavam o escopo da próxima pesquisa, a qual investigaria como as escolas públicas e as redes de ensino estão se organizando para acolher e apoiar os professores iniciantes. Indagou-se, naquele momento, se seria viável estabelecer um processo de discussão e reflexão coletiva com os professores e gestores das escolas para desenvolver ações institucionais de acompanhamento (indução) dos novos docentes. Além disso, questionou-se a possibilidade de estabelecer parcerias com as secretarias municipais de educação para a implementação de programas de indução aos professores iniciantes.

Assim, teve início em 2018 o projeto intitulado "Processos de indução a professores iniciantes nas escolas públicas de educação básica: o que cabe à escola e à Secretaria de Educação?", que manteve a abordagem interinstitucional do projeto anterior, resultando nos artigos presentes neste livro. Embora compartilhasse pontos comuns com o projeto anterior, a nova proposta se fortaleceu pela existência de um projeto articulador (projeto-mãe), que abarcou 11 subprojetos desenvolvidos por diferentes instituições e contextos[2] e envolveu equipes locais de pesquisadores, incluindo estudantes de graduação, mestrado, doutorado e pós-doutorado, todos com propósito semelhante: investigar os processos de acompanhamento (ou indução) do professor iniciante em escolas públicas de educação básica por meio de um trabalho colaborativo com as equipes escolares e uma aproximação com os gestores das secretarias municipais de educação.

O projeto-mãe seguiu a dinâmica de trabalho proposta nas pesquisas anteriores, com encontros sistemáticos na forma de seminários para o estudo e a discussão de questões de pesquisa relacionadas aos subprojetos implementados nos diferentes contextos regionais, além da sistematização dos dados gerais.

As discussões, a participação e a produção colaborativa sobre o tema do desenvolvimento profissional justificaram, naquele momento, a criação da Redep, que, nos últimos três anos, tem promovido encontros e debates sobre o assunto, contribuindo significativamente para a produção de conhecimento qualificado sobre a formação de professores.

Nesse contexto, os pesquisadores da Redep, liderados pela professora Marli André e imersos na temática do professor iniciante e nos resultados da pesquisa anterior, intensificaram seus estudos sobre a entrada na carreira docente, considerando esse momento como crucial na aprendizagem da profissão.

Após uma imersão teórica e metodológica proporcionada pelos seminários e pelo avanço da pesquisa, uma decisão importante emergiu: a concepção de um dossiê abrangente, destinado a abarcar a gama diversificada de perspectivas sobre o assunto em questão. Naquele momento, havia plena consciência dos efeitos que essa compilação teria na busca pela legitimidade do tema na comunidade científica. Assim, o dossiê intitulado "Formação e inserção profissional de professores iniciantes: conceitos e práticas", organizado pelas professoras Marli

---

2.   UFRJ, UFSC, UFMT, UFSCar, Ufop, Ufla, UFU, IF Sudeste-MG, UEMS, Uece, UMSC, PUC-SP, Unitau e Unasp.

André, Laurizete Ferragut Passos e Patrícia Albieri de Almeida, foi submetido e posteriormente publicado pela *Reveduc*.[3]

Com abertura para toda a comunidade acadêmica, o dossiê atraiu uma variedade de artigos de pesquisadores do núcleo, destacando-se como uma das últimas iniciativas a contar com a participação da líder do grupo, professora Marli André.

No decorrer da pandemia, o grupo, atualmente integrando a Redep, promoveu um seminário com a pesquisadora Joséphine Mukamurera, da Université de Sherbrooke, de Quebec, no Canadá, com enfoque voltado para o professor iniciante.

Esse evento abriu portas para possíveis parcerias internacionais, visando à ampliação e ao aprofundamento do conhecimento desse tema. Além disso, contribuíram para essa perspectiva internacional sobre a indução de novos professores os estágios de pós-doutorado realizados por membros da Redep em países como Chile, Portugal e Canadá. No âmbito nacional, alguns pesquisadores da rede têm recebido estagiários de pós-doutorado para investigar o tema, incluindo a primeira autora do artigo, que acompanha a pesquisa de dois deles.

Uma conclusão que se faz recomeço

Os artigos que compõem este livro-homenagem demarcam um recomeço nutrido de saberes e de reconhecimento de que a história desse grupo de pesquisadores é fruto de formação e convivência num espaço de aprendizagem da pesquisa com a pesquisadora experiente que era a professora Marli André. Um recomeço sem a sua presença, mas que se faz com o compromisso da expansão dos conhecimentos teóricos e metodológicos compartilhados e da abertura para novas questões sobre os processos de desenvolvimento profissional de professores e gestores. Cada capítulo do livro expressa esse compromisso e um recomeço

---

3. Disponível em: https://www.reveduc.ufscar.br/index.php/reveduc/issue/view/42. Acesso em: 19 jun. 2024.

marcado pela autonomia nos modos e espaços de realização de novas pesquisas. Neles, cada autor evidencia a relevância do tema da indução quando o discute em diferentes contextos de estudo.

Os dois primeiros capítulos, de autoria de Costa e Cruz e de Boerr e Beca, oferecem um panorama dos distintos sentidos atribuídos ao processo de indução profissional por intelectuais de diferentes países. Além disso, fornecem uma análise detalhada das experiências de indução em seus respectivos contextos, enriquecendo assim nossa compreensão sobre o tema.

O texto de Sena, Andrade e Aparício e o de Lima e Signorelli destacam o reconhecimento da equipe gestora, incluindo coordenadoras e supervisoras pedagógicas, como parceira fundamental para a concretização de ações de apoio pedagógico que viabilizem processos de indução e de formação docente no ambiente escolar. As autoras defendem que a qualidade do processo de ensino, fator crucial para a promoção da aprendizagem dos estudantes, está intimamente ligada à qualidade da formação que os professores vivenciam em suas escolas.

Os capítulos de Rocha e Martins e de Lahtermaher e Cruz permitem compreender que a participação de professores iniciantes, seja em grupos de pesquisas, seja em comunidades de aprendizagem, favorece a inserção no contexto de trabalho e se mostra potente em relação ao apoio coletivo recebido nesses espaços formativos, configurando-se assim como estratégia de indução docente.

O artigo de Lourenço, Gama e Moretti, o de Príncepe, Pereira, Rigolon e Passos e o de Franco, Gouveia e Silva também destacam a relevância da equipe gestora, especialmente do coordenador pedagógico, no processo de indução do professor iniciante por meio do acolhimento, do acompanhamento e da formação contínua. Apoiados em casos de ensino e em diários reflexivos como estratégia formativa, os autores destacam que ações e políticas institucionais de indução profissional podem minimizar os efeitos do choque de realidade aos quais os professores iniciantes, de modo geral, estão suscetíveis.

Boa leitura nesse caminho de recomeço!

1
INDUÇÃO PROFISSIONAL DOCENTE: POR QUE SE IMPORTAR COM ISSO?

Elana Cristiana Costa
Giseli Barreto da Cruz

O que significa indução? Que termo é esse que, cada vez mais, faz-se presente no campo educacional? Quais ideias comportam seu conceito? Quais sentidos são empregados na indução no contexto da formação de professores? Começamos a escrita deste texto por meio de questões. Com elas, temos a intenção de demarcar uma temática emergente no Brasil. Sem objetivo de respostas prontas, os argumentos que ora trazemos ao debate pretendem reafirmar aspectos que enunciam a relevância de pensar sobre indução profissional docente no tempo da inserção profissional.

Para discorrer sobre a temática, seguimos por dois caminhos distintos: no *percurso inicial*, buscamos conceituar indução e problematizar que a inserção profissional é um tempo de aprendizagens significativas para a docência, defendendo a ideia de que ações de indução para professores/as iniciantes são contributivas a essa etapa; no *segundo percurso*, pretendemos discutir a indução no contexto de uma pesquisa, buscando elementos para pensar indícios de indução profissional docente entre equipe de articulação pedagógica (EAP) e professores/as iniciantes em uma rede pública municipal de educação. Para finalizar, tecemos algumas considerações baseadas em ambos os percursos trilhados.

Percurso inicial

A literatura do campo da formação de professores, sobretudo as pesquisas que investigam o período de inserção na docência (André, 2012; Ávalos, 2012; Marcelo, 2016; Marcelo; Vaillant, 2017), tem destacado que ações de indução para professores/as iniciantes são contributivas para essa etapa profissional, com subsídios que favorecem o aprendizado da profissão e o desenvolvimento da carreira docente. Trata-se de reconhecer na indução um recurso para que os/as professores/as iniciantes adquiram conhecimento profissional, saberes e atitudes adequadas para desenvolver o ensino com qualidade. Como destacam Alarcão e Roldão (2014), é dar ênfase ao conceito de indução pela lente do desenvolvimento profissional.

Compreendemos que os aspectos que entrelaçam esse conceito são relevantes e merecem aprofundamento teórico, epistemológico e investigativo, mas a legitimidade de um conceito para o termo "indução" parece à espera de construções. Ao buscar constituir um corpo conceitual sobre a indução docente, olhamos para os cenários nacional e internacional na intenção de compor sentidos para o termo.

No contexto brasileiro, André (2010, 2012) foi uma das pesquisadoras a içar esse debate, contemplando em investigações na última década a problemática da inserção profissional. A autora sinaliza como primordial que se integrem ao campo da pesquisa sobre formação de professores mais estudos que envolvam os diversos aspectos que compõem o período específico da entrada do/a professor/a na carreira docente, compreendendo a indução como um desses aspectos. Com atenção a essa proposta a Rede de Estudos sobre Desenvolvimento

Profissional Docente (Redep), organizada e coordenada inicialmente por Marli André, segue articulando pesquisas interinstitucionais com pesquisadoras de diversas partes do país que têm empenhado esforços nos estudos sobre os processos de indução de professores iniciantes. Por esse viés, as pesquisadoras Cruz, Farias e Hobold (2020), que integram a Redep, ajudam-nos a refletir sobre o conceito. Para as autoras, a indução se estabelece como formação e como autoformação, com fins de qualificar o fazer docente de professoras em início de carreira na sua função basilar, o ensino. Assim, evidenciam que a indução se refere a "investimento de formação intencional e sistemática em torno de professores iniciantes ou principiantes durante a sua inserção profissional" (Cruz; Farias; Hobold, 2020, p. 6). As autoras fazem questão de sublinhar que o conceito de indução não é uníssono na comunidade educacional, mas que não deve ser traduzido no sentido de induzir o professor a realizar o seu trabalho sem condições; ao contrário, reforçam a indução como espaço formativo, de acolhimento e acompanhamento.

Uma caminhada pela literatura internacional deixa ver o quanto a polissemia do termo configura um conceito flutuante. São diferentes noções que ora vão ao encontro da compreensão de indução tendo em vista uma proposta de formação e autoformação, ora referendam a indução de uma perspectiva de treinamento de professores/as para atender fins educacionais desenhados por políticas públicas distantes da realidade das escolas.

A leitura de um conjunto de artigos permitiu encontrar estudos realizados em territórios de Austrália, Canadá, Singapura, Finlândia, Escócia, Estados Unidos, Israel, Nova Zelândia, País de Gales e Inglaterra, dando visibilidade a um panorama sobre sentidos distintos de indução profissional. Ao percorrer esses caminhos, a paisagem observada permite reafirmar ser a indução ainda um conceito em construção, polissêmico, de natureza ambígua e com diferentes sentidos. Sem a intenção de esgotar neste texto os detalhes de cada um desses cenários, destacamos algumas das definições do termo "indução" encontradas nesse empreendimento.

Quadro 1 – Apreensões sobre o conceito de indução

No contexto dos Estados Unidos	Feiman-Nemser *et al.* (1999)	Apontam três significados prioritários para indução: *i.* como uma fase única do aprender a ensinar; *ii.* como um processo de socialização do professor; *iii.* como uma fase do desenvolvimento profissional de docentes em início de carreira.
	Wong (2004)	Define indução como um processo de treinamento e suporte abrangente que continua por dois ou três anos e, então, torna-se perfeitamente parte do programa de desenvolvimento profissional vitalício do distrito para manter bons professores ensinando e melhorando para aumentar sua eficácia.
	Bickmore; Bickmore (2010)	Consideram a indução um processo sistemático que se insere num clima escolar saudável e atende as necessidades pessoais e profissionais de novos professores. Os autores entendem que um clima escolar saudável: *i.* atende às necessidades de novos professores em participar da tomada de decisões em toda a escola e em práticas colaborativas; *ii.* premia o desempenho do aluno e a ênfase acadêmica; *iii.* é caracterizado por uma visão positiva de liderança escolar que apoia a colaboração e fornece recursos.

continua...

	Bolam *et al.* (1995)	Consideram que a indução envolve um programa estruturado de acompanhamento dos professores iniciantes, defendendo que, para que a política se estabeleça, há necessidade de financiamento do Estado, acompanhamento das escolas e envolvimento dos gestores.
No contexto da Inglaterra	Totterdell *et al.* (2004)	Entendem que indução significa a entrada com apoio e avaliação no *status* de professor profissional completo. Os programas de indução incluem tempo designado de liberação do ensino; apoio de colegas experientes; estabelecimento de objetivos e metas vinculados às atividades; cursos para atender às necessidades do novo professor; e avaliação em relação aos padrões de desempenho.
No contexto da Escócia	Rippon; Martin (2006)	Definem indução como parte de um processo de socialização que ocorre em qualquer organização. Enfatizam as diferentes vozes no processo – os mentores e os professores iniciantes e suas percepções acerca da política.
No contexto de Israel	Alhija; Fresko (2010)	Entendem a indução como processo de socialização de novos professores no sentido de torná-los mais competentes e evitar a evasão de professores iniciantes.
No contexto da Austrália	Kearney (2019)	Afirma que a indução é a primeira fase de um contínuo de desenvolvimento profissional que leva a uma total integração do professor iniciante em sua comunidade de prática profissional por meio de uma formação continuada ao longo da carreira.

Fonte: Elaboração própria.

No contexto dos Estados Unidos, o relatório com revisão de literatura assinado por Feiman-Nemser *et al.* (1999) destaca que, quando a indução é estritamente definida como fase única, ou seja, como apoio de curto prazo para ajudar professores/as a sobreviver ao primeiro ano de trabalho, seu papel de qualidade para fomentar a aprendizagem da docência é reduzido. Ao contrário disso, reconhecem a posição central da indução na relação entre formação inicial e desenvolvimento profissional contínuo, consolidando aprendizagens no momento da transição, quando os/as professores/as estão iniciando a prática profissional. Observamos, assim, que esses autores compreendem a indução como uma fase do desenvolvimento profissional docente que necessita da sistematização formal de programas para esse fim.

Direcionado por uma lógica semelhante de entendimento, Wong (2004) afirma que programas estruturados e sustentados por uma visão de desenvolvimento profissional intensivo são fundamentos para manter bons/boas professores/as na docência, pois são esses programas formais que vão permitir que novos/as professores/as observem outros, sejam observados por outros e façam parte de redes ou grupos de estudo em que todos/as os/as professores/as compartilhem, cresçam e aprendam com o trabalho uns dos outros.

A preocupação expressa no texto de Wong (2004) em manter bons/ boas professores/as na docência, tendo em vista a indução como um processo de treinamento para aumentar a eficácia e auxiliar professores/ as a ensinar melhor, conforma a indução a um sentido limitado de aprendizagem da docência, que se configura em um formato de funcionalidade prática e não prevê articulação teórica com os pressupostos sociais e políticos da profissão. A recorrência de algumas palavras nesse artigo, tais como desempenho, eficiência, eficácia, treinamento, sucesso, aproveitamento, missão e objetivos, outorga aproximações a uma lógica da gestão empresarial, compósita de uma ideia de desempenho, como se pode perceber na seguinte passagem:

> O que esses distritos com baixas taxas de desistência têm em comum são programas de indução abrangentes, coerentes e contínuos, que é o processo típico e presente usado por todas as organizações sem fins lucrativos, grandes e pequenas empresas e até equipes esportivas, profissionais ou Pequenas Ligas. Eles formam e continuam a formar (Breaux; Wong, 2003) seus funcionários ou membros da equipe de acordo com um programa de formação estruturado, que é parte da indução na infraestrutura, visão e cultura da organização. Professores não são diferentes. Eles querem formação, querem se sair bem e querem que seus alunos o façam. Na maior parte, a educação não conseguiu reconhecer o que outras indústrias sabiam quase desde o

início: treinamento formal e contínuo funciona. Sem um programa de desenvolvimento profissional cuidadosamente pensado, os distritos escolares não terão professores eficazes que possam produzir resultados de desempenho do aluno (Wong, 2004, p. 47, tradução nossa).

O registro do trecho deixa ver a complexa comparação feita pelo autor entre programas de indução abrangentes e processos de formação para profissionais que atuam em pequenas e grandes empresas. A analogia que se estabelece para defender a ideia de investimento em programas de indução com uma lógica de desenvolvimento profissional carrega contradições que podem fortalecer o que autores como Zeichner (2013) vêm denunciando: uma perspectiva de reforma nos modelos de formação das políticas americanas que privilegiam programas breves, no contexto de trabalho, com foco no estudo e na aplicação de técnicas de ensino de sucesso. Por essa lógica, de acordo com Zeichner (2013, p. 193), para formar professores bastaria "o domínio de um conjunto de práticas de ensino".

Apesar dos investimentos de grandes grupos corporativos que buscam condicionar a educação a uma lógica produtivista, a escola não é uma empresa e professores não são funcionários que recebem treinamento. Nesse sentido, a indução, como formação para professores em início de carreira, estruturada como um programa, tem características impregnadas do contexto escolar e difere bastante da lógica empresarial.

Vale ressaltar que, se, por um lado, observa-se no artigo fomento à concepção de treinamento na formação de professores, por outro, também se destaca nos argumentos de Wong (2004) a importância do aprendizado da docência em colaboração, ressaltando por essa via as comunidades de aprendizagem docente. O autor ainda traz em seu artigo significativas contribuições para demarcar os domínios entre mentoria e indução, o que ajuda a situar o que é indução e o que se incorpora ao conceito como desdobramento.

Com o título "A multifaceted approach to teacher induction" ("Uma abordagem multifacetada para a indução de professores"), o artigo de Bickmore e Bickmore (2010) ratifica as concepções diferenciadas impressas à indução no cenário dos Estados Unidos. A utilização da palavra *multifacetada* para abordar e discutir a indução revela, na conjuntura norte-americana, sentidos múltiplos, concorrentes e em disputa para a compreensão do termo.

Para continuar buscando traduzir esses sentidos no conceito de indução, passamos pelo contexto dos Estados Unidos e avistamos outros cenários. Assim, ao discutir as motivações pelas quais continuam sendo necessários esforços para a sistematização de políticas de indução em escolas no País de Gales, que pode também ser estendida à visão da política, em nível macro, na Inglaterra, Bolam *et al.* (1995) já sinalizavam, há 26 anos, que indução envolve um programa estruturado de acompanhamento dos/as professores/as iniciantes, defendendo que, para que a política se estabeleça, há necessidade de financiamento do Estado, acompanhamento das escolas e envolvimento dos gestores.

Com o objetivo de mapear pesquisas com potencial para avaliar o impacto dos programas de indução no desempenho de professores recém-qualificados (*newly qualified teachers* – NQT), o Instituto de Educação de Londres (Totterdell *et al.*, 2004) realizou um estudo sistemático da literatura com um levantamento que integra 475 títulos e resumos e 146 relatórios localizados no período de 1998 a 2003, com origem nos Estados Unidos, no Canadá, no Reino Unido, na Austrália e na Nova Zelândia. A compreensão sobre a temática depreendida pelos autores defende que a indução deve impactar o desenvolvimento profissional do iniciante nos seguintes aspectos:

> Melhorar o pensamento e a prática dos professores e sua disposição para os alunos; desenvolver os atributos pessoais e profissionais, conhecimentos, habilidades, compreensão, experiência e valores dos professores; ajudar os professores a ganhar confiança e competência e mantê-las; proporcionar aos professores um meio de valorizar sua aprendizagem e ajudá-los a demonstrá-la a outras pessoas; capacitar os professores a ver a prática cotidiana como a verdadeira fonte de aprendizagem profissional (Totterdell *et al.*, 2004, p. 7, tradução nossa).

Um foco diferenciado da centralidade no desenvolvimento profissional docente ao discutir concepções de indução foi encontrado em Rippon e Martin (2006) e em Alhija e Fresko (2010). Os primeiros autores citados, no contexto escocês, reforçam o domínio da indução de novos/as professores/as como parte de um processo de socialização que ocorre em qualquer organização e enfatizam as diferentes vozes no processo – mentores e professores iniciantes e suas percepções acerca da política. Na conjuntura israelense, para Alhija e Fresko (2010), também prevalece o entendimento da indução como processo de socialização de novos professores no sentido de torná-los mais competentes e evitar a evasão de professores/as iniciantes.

Mesmo percebendo sentidos diferentes, que caracterizam a indução como treinamento ou colocam mais centralidade na indução como socialização profissional, o que se depreende desse investimento na literatura internacional é que o sentido de indução predominante se aproxima da lógica do desenvolvimento profissional docente. Tal vinculação se encontra fortemente disseminada tanto nas pesquisas brasileiras quanto na literatura internacional. Mesmo diante de outros sentidos concorrentes, a indução integrada ao desenvolvimento profissional se circunscreve como ponto fulcral do conceito, tendo no fortalecimento desse elo a sistematização de programas de indução em diversos territórios.

No contexto australiano, Kearney (2019), com seus achados de pesquisa, reconhece que não há um modelo universal para a indução, que as especificidades de cada escola precisam ser levadas em consideração para a elaboração de um programa. Defende a autonomia da escola nessa elaboração, evidenciando que há componentes essenciais que deveriam ser comuns a todos os programas. Citando Smith e Ingersoll (2004), esse autor acredita que não é a definição de indução, e sim a efetividade de um programa que assegura os resultados positivos do processo com os/as professores/as em inserção profissional.

O diálogo com esses autores certifica que não há um modelo único para o debate sobre indução, visto que os contextos de cada país vão subsidiando propostas e programas, que, por sua vez, apresentam diferentes visões para esse conceito. Reconhecer as especificidades de cada realidade revela múltiplas possibilidades para assegurar um projeto sistematizado de indução aos/as professores/as iniciantes.

Outra percepção decorrente da revisão de literatura sobre indução indica que, independentemente do contexto, as aflições de professores/as que se inserem na carreira docente são semelhantes e envolvem, de modo geral, aspectos como a insegurança diante da classe, as situações de ensino, a utilização de materiais e métodos de ensino, o domínio em mediações didáticas, a preocupação com o aprendizado dos alunos, entre outros, que reafirmam a demanda por um olhar atencioso da formação de professores na inserção profissional com expectativas da indução.

Tendo isso em vista, prosseguimos, na segunda parte deste capítulo, com nossa aproximação à temática pelo viés de uma pesquisa que vai ao encontro de indícios de indução no campo empírico.

Segundo percurso: *A indução no contexto de uma pesquisa*

> No princípio eu acho que foi, digamos, uma miscelânea de sentimentos. Eu me senti realizada, porque era finalmente a realização de um sonho; estar em uma escola de educação infantil sempre foi meu sonho. [...] Mas também tive muito medo, porque eu me sentia totalmente inexperiente; eu sabia que era inexperiente (Professora Odete, entrevista narrativa, 2021).

A narrativa acima traduz um pouco do que sente a professora Odete ao chegar à escola para seu primeiro dia de trabalho. O relato dessa profissional em inserção se aproxima de outros, narrados por professores/as iniciantes participantes da pesquisa com a qual iremos dialogar. No compartilhar das memórias sobre o início do trabalho como docente, são recorrentes na fala desses/as professores/as palavras como ansiedade, medo, receio, nervoso, tensão, desafio, dificuldade, isolamento, timidez, insegurança. Sentimentos comuns a professores/as em início de carreira em diferenciados contextos ao redor do mundo, conforme afirmam estudos que têm se ocupado de pensar questões relativas à inserção profissional docente (André, 2012; Marcelo, 2008, 2010, 2011, 2016; Marcelo; Vaillant, 2017; Vaillant, 2009; Nono; Mizukami, 2006).

A professora Odete e mais dez professores foram participantes de uma pesquisa que tem como campo empírico uma rede municipal de educação localizada no estado do Rio de Janeiro e que se propõe a investigar como as experiências entre os membros da EAP e os/as professores/as iniciantes no contexto do trabalho pedagógico escolar podem ser significadas como indutoras de formação para aqueles que estão em inserção profissional. Nesse contexto, os membros da EAP são os diretores/as-gerais, diretores/as-adjuntos/as (ambos eleitos pela comunidade escolar), pedagogos/as e/ou supervisores/as e orientadores/as educacionais. O objetivo geral da pesquisa se delineia com a intenção de investigar, pela via das narrativas dos/as participantes, indícios de indução profissional docente nas experiências vividas entre EAP e professores/as iniciantes no contexto do trabalho escolar.

No cenário dessa rede, dedicamo-nos a analisar as experiências narradas por professores/as iniciantes e integrantes da EAP sobre o período da inserção profissional, compreender como essas experiências entre EAP e professores/as iniciantes podem se tornar indutoras de formação na inserção profissional de docentes e discutir indícios de indução profissional docente como possibilidade geradora de políticas para a inserção profissional.

A investigação compõe os estudos para defesa de uma tese de doutorado, e também é um dos projetos do Programa Interinstitucional de Pesquisa da Redep, que conta com diversos subprojetos, a serem desenvolvidos por pesquisadores de distintas instituições de educação superior no Brasil. Com a profusão de contextos, as várias fontes e as diferentes realidades, o estudo integrado desenvolvido pela Redep pretende fortalecer um tema de interesse comum: os processos de indução de professores/as iniciantes.

Nesse entrelace, o estudo que ora apresentamos toma como pressuposto epistêmico-metodológico o aporte teórico da pesquisa narrativa com fundamento em Clandinin e Connelly (2015) e Delory-

Momberger (2006). Os primeiros autores ajudam a pensar como as narrativas que emergem no diálogo com as participantes podem se tornar um caminho para compreender as experiências *na/da* escola narradas pelos/as professores/as iniciantes e integrantes da EAP.

A natureza do conceito de experiência com o qual operam esses autores tem fundamento em Dewey, na concepção de que a interação entre o pessoal e o social que nos move em determinado contexto situado promove aprendizagens de forma individual e coletiva, concebendo que a experiência está inserida em um contexto de *interação*, *continuidade* e *situação*. Pelas lentes de Clandinin e Connelly (2015), há um espaço tridimensional para a investigação narrativa, que entrelaça a noção de *interação* (entre o pessoal e o social) com um critério de *continuidade* (presente, passado e futuro), combinados à noção de lugar (situação).

No diálogo com Delory-Momberger (2012, p. 525), observamos o destaque da biografização da experiência em sua singularidade e individualidade. A autora se reporta a uma forma de compreensão e estruturação da experiência e da ação que, segundo ela, reverbera "na relação do homem com sua vivência e com o mundo que o rodeia". Em suas palavras:

> O que dá forma ao vivido e à experiência dos homens são as narrativas que eles fazem. A narrativa não é, portanto, somente o sistema simbólico no qual o pôr em forma da existência encontraria sua expressão: a narrativa é o lugar onde o indivíduo humano toma forma, onde ele elabora e experimenta a história de sua vida (Delory-Momberger, 2012, p. 363).

O recorte da pesquisa que aqui trazemos tem como referência as experiências narradas por 11 professores/as e integrantes da EAP. Um dos recursos metodológicos utilizados no contato com os sujeitos do estudo foi a entrevista narrativa. Consideramos que utilizar esse recurso poderia auxiliar a compartilhar histórias dos/as participantes sobre sua inserção profissional em interação com outros acontecimentos que se entrelaçam no espaço tridimensional referenciado por Clandinin e Connelly (2015).

Optamos pela entrevista narrativa da forma como foi organizada por Jovchelovitch e Bauer (2002), com base nas propostas sistematizadas pelo sociólogo alemão Fritz Schütze. Creditamos a essa possibilidade uma variante com menos imposição e, por isso, com mais validade para caracterizar a participação e a perspectiva dos sujeitos.

A escuta permitiu conhecer sete professoras e quatro professores com suas possibilidades e, também, ansiedades, inseguranças e receios ao se encontrarem pela primeira vez com a docência. Deixou ver também um pouco de quem são essas pessoas, que histórias interagem com o momento que vivem, que relações se estabelecem nesse contexto e quais são suas expectativas com relação à profissão docente. A intenção é compreender como essas experiências podem contribuir para a formação desses/as professores/as e sinalizar elementos para pensar indícios de indução.

Ao encaminhar o olhar nessa direção, tais narrativas se tornaram material empírico e de análise, possibilitando catalisar sentidos e reflexões sobre indução baseados nas relações/ações situadas no contexto escolar entre os/as professores/as iniciantes e a EAP. No contorno que fazemos para este capítulo, registramos: as constatações iniciais sobre a inserção e o acolhimento dos/as professores/as e algumas experiências narradas sobre a relação/ação com a EAP.

Dessa forma, no que tange aos sentidos iniciais do acolhimento, depreendemos que houve situações pautadas cm experiências reveladas como significativas e que contribuíram para que as professoras começassem a compreender a concepção pedagógica que estruturava as ações desenvolvidas no ambiente escolar. Associamos esse entendimento ao seguinte relato:

> Elas me acolheram, conversaram comigo, perguntaram em qual grupo me sentiria à vontade para trabalhar, que a gente estaria bem à vontade para escolher, que a gente entraria sempre em um consenso coletivo. Ajudaram bastante em decisões coletivas. Até hoje, todas as decisões que a gente pauta na escola são decididas na reunião pedagógica, no coletivo. Como era minha primeira experiência, eu não sabia, eu tive bastante suporte delas, pedagogicamente (Professora Regina, entrevista narrativa, 2021).

Evidenciamos também que uma acolhida educada e amável, por si só, não foi suficiente para reduzir as ansiedades e inseguranças, e observamos que alguns professores se sentiram sem apoio no que se refere ao trabalho pedagógico. A professora Marilza confirma essa percepção:

> Fui, fui bem recebida; não tive problema com ninguém; todos são maravilhosos; a equipe é muito boa. Foi assim, no primeiro dia mesmo, teve uma reunião e aí a pedagoga na época se apresentou, fez uma dinâmica com a gente [...], mas senti falta dela falar um pouco mais sobre a escola, sobre como que era o trabalho feito na escola, entendeu? (Professora Marilza, entrevista narrativa, 2021).

Ainda no que diz respeito ao acolhimento, foi possível inferir nas narrativas compartilhadas situações de pouca escuta e atenção aos professores, com informações pontuais sobre a organização da escola, reverberando em uma inserção difícil e conturbada. A professora Odete confirma essa observação no relato abaixo:

> [...] quando eu cheguei, qualquer coisa que eu ia perguntar para ela (ainda bem que vai ficar no anonimato), ela virava os olhos para mim, em tom de deboche mesmo, entendeu? Foi uma relação que foi construída muito assim... com muita dificuldade, é uma pessoa que eu admiro, pela presença dela, pela força que ela tem na comunidade, pelo controle que ela tem das coisas, mas eu acho que, às vezes, não é uma coordenação colegiada, acho que conta muito o que "eu decido", o "eu que mando", e assim, às vezes, é muito difícil trabalhar (Professora Odete, entrevista narrativa, 2021).

Essas e outras narrativas dos/as professores/as revelam nuances significativas para análise, pois a maioria dos/as entrevistados/as narram um primeiro momento acolhedor, com cordialidade e propostas de integração com o grupo, contam que foram recebidos pelas diretoras e pedagogas da unidade ou, pelo menos, por um dos integrantes da EAP. Alguns falam com entusiasmo que, ao chegar à escola, havia uma mesa de café preparada para receber a todos e que houve dinâmicas que ajudaram a "quebrar o gelo" naquele momento inicial. Todavia, uma análise mais detalhada dessas narrativas indica que ser recebido com atenção e de forma solícita, por mais que seja acolhedor, tem limitações no que se refere a uma inserção menos tensionada pelo sentimento de insegurança comum a professores em início de carreira.

Pelo viés da inserção e do acolhimento, inserir quer dizer incluir, fazer parte de um grupo e tem relação direta com amparar e apoiar. Assim, é possível perceber que as experiências narradas pelos/as professores/as participantes da pesquisa sinalizam um acolhimento receptivo ao chegarem à escola, porém, compreendemos que amparar e apoiar vão além de uma recepção atenciosa. Diante disso, o olhar que lançamos para as histórias de acolhimento narradas é aguçado por indagações que se aproximam da inserção desses/as docentes iniciantes com foco nos aspectos formativos que podem se anunciar no contexto de um trabalho pedagógico sistematizado.

Desse modo, tentamos dialogar com a definição de indução que reconhece e defende a relevância do espaço de formação, acolhimento e acompanhamento da atuação profissional dos docentes (Cruz; Farias; Hobold, 2020). Nesse sentido, com foco nas relações entre os/as professores/as e a EAP no contexto do trabalho pedagógico escolar, evidenciamos três dimensões expressas pelas narrativas dos/as professores/as: cordialidade, distanciamento e parceria/colaboração.

Na dimensão da cordialidade, é possível depreender das narrativas uma solicitude por parte das EAPs, o que revela uma predisposição para dar suporte aos/às iniciantes, principalmente quando pedem ajuda. A disponibilidade existe; todavia, está vinculada a situações de demanda dos/as professores/as, seja na hora em que surge alguma dúvida, seja em algum outro momento de dificuldade, tal como podemos ver nos extratos a seguir:

> [...] como eu te falei, elas sempre deixaram bem claro que eu poderia chegar a qualquer momento na sala delas e perguntar o que fosse sobre o que eu tivesse dúvida e, eu tenho certeza, não foi uma coisa que aconteceu sempre; acho que eu só bati lá uma vez, entendeu? (Professora Lizete, entrevista narrativa, 2021).

Passada a direção, o recebimento, a acolhida, que foi maravilhosa. Na labuta do dia a dia, quem era a minha parceria eram os meus colegas de profissão. Então, eram eles que estavam comigo (Professora Maria, entrevista narrativa, 2021).

A dimensão do distanciamento expõe claramente as fragilidades dessa relação e revela como os/as professores/as iniciantes seguem na busca de conhecimento sobre a sua função tateando informações, aprendendo com o próprio erro, buscando ajuda na hora do desespero e se sentindo sem apoio e suporte. As duas narrativas abaixo revelam um pouco desse distanciamento.

> Foi exatamente isso que aconteceu. Eles não se apresentaram, não acompanharam o meu processo, "sua turma é essa aqui, tchau, vai fazer seu trabalho"; eu não tinha o mínimo de experiência. A EAP mesmo não chegou junto nesse momento. Só chegou junto na hora dos relatórios mesmo (Professora Nina, entrevista narrativa, 2021).

> Bem, existe uma distância, só que, com o passar do tempo, eu acredito que depois do primeiro Capci; no Capci, a gente tem que apresentar o trabalho desenvolvido durante o trimestre, então, para redigir o Capci, eu, com medo de errar, constantemente ia até a pedagoga para conversar:
>
> – Olha, meu trabalho está seguindo essa linha.
> – Posso escrever dessa maneira? (Professor Anísio, entrevista narrativa, 2021).

A dimensão da parceria/colaboração denota perspectivas de investimento potencial na relação entre EAP e professores/as. As narrativas dos/as participantes deixam ver possibilidades reais de diálogo com um trabalho que envolve os/as professores/as em inserção nas decisões tomadas no coletivo, com uma escuta sensível às demandas dos docentes e encaminhamentos possíveis para apoiá-los. Evidenciamos essa afirmação nos relatos abaixo:

> [...] a gente discutia as questões pedagógicas do cotidiano, tinha muitas formações também, é uma característica da nossa Umei; a

gente investe na formação continuada, a gente discute textos, isso é muito legal. Foi sempre uma questão muito aberta ao diálogo mesmo. Aquelas formações foram ajudando não só a mim como a outros professores que tinha... Eu tinha muita dificuldade com a questão das artes, artes da educação infantil, teve muita oficina, muita troca, muita formação nessa questão. A troca de outras professoras que já trabalhavam ajudou muito, todo mundo participava, então, era uma troca de experiência toda semana (Professora Regina, entrevista narrativa, 2021).

Esses planejamentos coletivos, a maior parte deles era voltada para as temáticas semanais da escola, então, por exemplo, as pedagogas traziam uma pauta e a gente tinha que se organizar em cima disso para poder elaborar estratégias conjuntas e coletivas [...]. Quando sobrava um tempo em cima disso, a gente sentava, os professores, as duplas ou os professores das turmas com os professores especialistas, professores de francês, de artes, da sala de recursos, para alinhar os trabalhos, ver as atividades que seriam feitas e, nessa reunião geral, a gente, geralmente, analisava os documentos de funcionamento da escola, como, por exemplo, o PPP, o regimento interno, para poder alinhar, revisar, propor mudanças (Professor João, entrevista narrativa, 2021).

Acreditamos que a escuta sensível dos relatos dos/as docentes sobre como iniciam seu trabalho na rede, como são acolhidos/as e que ações mobilizam (ou não) a EAP para recebê-los/las acenam para indícios de indução profissional de docentes na perspectiva que defendemos. Reconhecemos essa possibilidade por meio da dimensão da parceria e do trabalho colaborativo evidenciado nos relatos da professora Regina e do professor João.

Os profissionais citados demonstram em suas narrativas uma dinâmica de trabalho que contempla apoio, assessoramento e acompanhamento da EAP para criar situações de aprendizagem da docência. O trabalho entre pares, as trocas de experiências entre professores/as iniciantes e veteranos/as, os momentos de estudo nas reuniões pedagógicas de planejamento coletivo, a análise e elaboração de documentos para organização da escola evidenciam perspectivas do que estamos considerando como ações de indução à docência. Apesar disso, é importante ressaltar as narrativas que se contrapõem a essa lógica e expõem as fragilidades nas experiências vividas com a EAP, revelando distanciamento ou apenas cordialidade diante de profissionais que iniciam sua carreira e precisam de suporte, orientação e supervisão.

Na realidade, ao indagar sobre como professores em inserção vivenciam experiências que podem ser caracterizadas como sendo de indução profissional, estamos, sim, considerando a escola como um campo instituinte e promotor de políticas, cogitando perspectivas de autonomia e protagonismo por parte de professores/as e gestores/as. No entanto, sem perder de vista que, ao sinalizar caminhos e indicadores que possam fortalecer o encaminhamento de políticas, consideramos urgente defender a necessária institucionalização de programas de indução à docência para professores/as em início de carreira.

Concordamos com Marcelo (2016, p. 307) quando defende que "a indução requer um aprendizado por parte do docente, um completo desenvolvimento profissional que se inicia ao primeiro dia em que está em sua sala de aula com seus estudantes". Desse modo, acreditamos que a escola, local que gera desenhos para políticas públicas, concretiza-se como um espaço formativo fundamental para novos/as professores/as com possibilidades de fomentar qualidade profissional para a docência e gerar debates sobre a inserção que invoquem a perspectiva da indução.

Algumas considerações após os percursos:
Por que estamos falando sobre indução profissional docente?

No âmbito desta discussão, invocamos a urgência de pensar a indução como uma ferramenta que contribua para o aprendizado da docência em uma concepção de um sujeito que aprende e produz conhecimento com base em sua própria prática profissional, com uma formação que implica autonomia para o professor e visa provocar reais mudanças sociais e institucionais (Cochran-Smith; Lytle, 1999).

Estamos falando sobre indução profissional docente, porque a entrada na carreira, a primeira fase do ciclo de vida profissional (Huberman, 2000) se caracteriza por sentimentos de sobrevivência e descoberta que trazem inquietações, que, por vezes, são traduzidas em inseguranças, tensões, medos e limites vivenciados por professores/as que iniciam seu exercício profissional.

Porque se constata que, no período da inserção profissional, com o início do exercício formal na profissão, os professores vivenciam um "choque com a realidade" (Veenman, 1984), com desafios marcados por situações incertas, constrangimentos, solidão e aprendizagens intensivas (Lima *et al.*, 2007; Oliveira; Cruz, 2019).

Porque, nesse confronto inicial com a realidade profissional (Alarcão; Roldão, 2014), são observadas experiências positivas ou negativas que constituem a história de professores/as, com aprendizagens significativas para seu desenvolvimento profissional ou, até mesmo, com passagens que podem levá-los a desistir da docência.

Porque temos registro de altas taxas de abandono de professores iniciantes em países ao redor do mundo. No contexto norte-americano, a maior parte dos professores abandona a rede ainda nos primeiros cinco anos de profissão (Latemaher, 2022).

Porque a inserção é uma fase de adaptação, de socialização profissional, de compreensão da cultura escolar, de conhecimentos sobre o que é ser professor/a no cotidiano de uma escola, conforme atestam estudos de Wong (2004), Marcelo (2006), Marcelo, Mayor e Murillo (2009), Kearney e Boylan (2015).

Poderíamos continuar com outras respostas à pergunta inicial deste capítulo; no entanto, para finalizá-lo, reconhecemos que o investimento de pesquisadores nacionais e internacionais na temática em questão compõe a defesa do campo de formação de professores por apoio sistemático ao docente que se encontra em inserção profissional 'como estratégia imprescindível para atrair e reter professores iniciantes. Como procuramos destacar, são muitos os fatores que afetam a aprendizagem da docência, como conhecimentos, disposições, crenças, visão de si mesmo e do outro, assim como as formas de conceber e de atuar na profissão e a gama de combinações desses fatores ou as possibilidades e restrições de cada contexto serão certamente novos para cada iniciante. Diante disso, parece cada vez mais necessário se importar com a indução e considerá-la como componente do desenvolvimento profissional da perspectiva de um *continuum* integrado entre formação inicial e continuada. Espera-se que a indução funcione como catalisadora de espaços de formação, acolhimento e acompanhamento da atuação profissional docente comprometida com perspectivas favorecedoras de sua autonomia.

Referências

ALARCÃO, I.; ROLDÃO, M. do C. Um passo importante no desenvolvimento profissional dos professores: o ano de indução. *Revista Brasileira de Pesquisa sobre Formação Docente*, Belo Horizonte, v. 6, n. 11, p. 109-126, ago./dez. 2014.

ALHIJA, F.; FRESKO, B. Socialization of new teachers: does induction matter? *Teaching and Teacher Education*, n. 26, 2010.

ANDRÉ, M. Formação de professores: a constituição de um campo de estudos. *Educação*, Porto Alegre, v. 33, n. 3, p. 174-181, set./dez., 2010.

ANDRÉ, M. Políticas e programas de professores iniciantes no Brasil. *Caderno de Pesquisa*, v. 42, n. 145, p. 112-129, jan./abr., 2012.

ÁVALOS, B. Hacia la configuración de políticas de inducción para profesores principiantes. *In*: CONGRESO INTERNACIONAL SOBRE PROFESORADO PRINCIPIANTE Y INSERCIÓN PROFESIONAL A LA DOCENCIA, III, 2012, Santiago do Chile.

BICKMORE, D. L; BICKMORE, S. T. A multifaceted approach to teacher induction. *Teaching and Teacher Education*, v. 26, p. 1006-1014, 2010.

BOLAM, R. *et al.* The induction of newly qualified teachers in schools: where next? *British Journal of In-service Education*, v. 21, n. 3, p. 247-260, 1995.

CLANDININ, D. J.; CONNELLY, F. M. *Pesquisa narrativa: experiência e história na pesquisa qualitativa*. Uberlândia: Universidade Federal de Uberlândia, 2015.

COCHRAN-SMITH, M.; LYTLE, S. L. Relationships of knowledge and practice: teacher learning in communities. *Review of Research in Education*, Estados Unidos da América, n. 24, p. 249-305, 1999.

CRUZ, G. B. da; FARIAS, I. S.; HOBOLD, M. Indução profissional e o início do trabalho docente: debates e necessidades. *Revista Eletrônica de Educação*, v. 14, p. 1-22, 2020.

DARLING-HAMMOND, L. Teacher education around the world: what can we learn from international practice?. *European Journal of Teacher Education*, v. 40, n. 3, p. 291-309, 2017.

DELORY-MOMBERGER, C. Formação e socialização: os ateliês biográficos de projeto. *Educação e Pesquisa*, São Paulo, v. 32, n. 2, p. 359-371, maio/ago. 2006.

DELORY-MOMBERGER, C. Abordagens metodológicas na pesquisa biográfica. *Revista Brasileira de Educação*, v. 17, n. 51, set./dez. 2012.

FEIMAN-NEMSER, S. *et al.* A conceptual review of literature on new teacher induction. Washington, DC, 1999.

HUBERMAN, M. O ciclo de vida profissional dos professores. *In*: NÓVOA, A. (org.). *Vida de professores*. 2. ed. Porto: Porto, 2007. p. 31-61.

INGERSOLL, R.; STRONG, M. The impact of induction and mentoring programs for beginning teachers. *Review of Educational Research*, n. 81, p. 201-233, 2011.

JOVCHELOVITCH, S.; BAUER, M. W. Entrevista narrativa. *In*: BAUER, M. W.; GASKELL, G. (org.). *Pesquisa qualitativa com texto e imagem: um manual prático*. Petrópolis: Vozes, 2002.

KEARNEY, S.; BOYLAN, M. Reconceptualizing beginning teacher induction as organizational socialization: a situated learning model. *Cogent Education*, v. 2, n. 1, 2015.

KEARNEY, S. The challenges of beginning teacher induction: a collective case study. *Teaching Education*, v. 32, n. 2, p. 142-158, 2019.

LIMA, E. de F. *et al.* Sobrevivendo ao início da carreira docente e permanecendo nela. Como? Por quê? O que dizem alguns estudos. *Educação & Linguagem*, ano 10, n. 15, p. 138-160, jan./jun. 2007.

MARCELO, C. Políticas de inserción a la docencia: del eslabón perdido al puente para el desarrollo profesional docente. *In*: PROGRAMA DE PROMOCIÓN DE LA REFORMA EDUCATIVA EN AMÉRICA LATINA Y EL CARIBE. *Taller Internacional "Las políticas de inserción de los nuevos maestros en la profesión docente: la experiencia latinoamericana y el caso colombiano"*. Bogotá: Preal, 2006.

MARCELO, C. *El professorado principiante: inserción a la docência*. Barcelona: Octaedro, 2008.

MARCELO, C. O professor iniciante, a prática pedagógica e o sentido da experiência. *Revista Brasileira de Pesquisa sobre Formação Docente*, Belo Horizonte, v. 2, n. 3, p. 11-49, ago./dez. 2010.

MARCELO, C. *Políticas de inserción en la docencia: de eslabón perdido a puente para el desarrollo profesional docente*. Santiago: Preal, 2011.

MARCELO, C. A indução do corpo docente iniciante na República Dominicana: o programa Inductio. *Revista Intersaberes*, v. 11, n. 23, p. 304-324, maio/ago., 2016.

MARCELO, C.; MAYOR, C.; MURILLO, P. Monográfico: profesorado principiante y inserción profesional a la docencia. *Profesorado. Revista de Curriculum y Formación de Professorado*, v. 13, n. 1, p. 3-5, abr. 2009.

MARCELO, C.; VAILLANT, D. Políticas y programas de inducción en la docencia en Latinoamérica. *Cadernos de Pesquisa*, São Paulo, v. 47, n. 166, p. 1224-1249, out./dez. 2017.

NONO, M. A.; MIZUKAMI, M. das G. N. Processos de formação de professores iniciantes. *In*: REUNIÃO ANUAL DA ANPED, 29., 2006. *Anais* [...]. p. 15-18.

OLIVEIRA, F. L.; CRUZ, G. B. da. A inserção profissional de um egresso do Pibid: o caso de uma professora de matemática. *Revista Portuguesa de Educação*, v. 32, n. 2 p. 5-23, 2019.

RIPPON, J. H.; MARTIN, M. What makes a good induction supporter? Using the voices of student teachers. *Teaching and Teacher Education*, v. 22, n. 1, p. 84-99, 2006.

SMITH, T. M.; INGERSOLL, R. What are the effects of induction and mentoring on beginning teacher turnover? *American Educational Research Journal*, v. 41, n. 3, p. 681-714, set. 2004.

TOTTERDELL, M. *et al*. The impact of NQT induction programmes on the enhancement of teacher expertise, professional development, job satisfaction or retention rates: a systematic review of research on induction. *Research Evidence in Education Library*. Londres: EPPI-Centre/Social Science Research Unit/Institute of Education, 2004.

VAILLANT, D. Políticas de inserción a la docencia en America Latina: la deuda pendiente. *Profesorado: Revista de Curriculum y Formación del Profesorado*, v. 13, n. 1, p. 27-41, 2009.

VEENMAN, S. Perceived problems of beginning teachers. *Review of Educational Research*, Catholic University of Nijmegen, v. 54, n. 2, p. 143-178, 1984.

WONG, H. K. Induction programs that keep new teaching and improving. *NASSP Bulletin*, v. 88, n. 638, p. 41-58, mar. 2004.

ZEICHNER, K. *Políticas de formação de professores nos Estados Unidos: como e por que elas afetam vários países do mundo*. Belo Horizonte: Autêntica, 2013.

2
POLÍTICA DE INDUÇÃO DE PROFESSORES INICIANTES NO CHILE: APRENDIZAGENS E DESAFIOS DA EXPERIÊNCIA[1]

Ingrid Boerr
Carlos Eugenio Beca

Introdução

No Chile, há quase duas décadas, vem se desenvolvendo uma experiência de indução para professores iniciantes, baseada em políticas públicas, que é interessante de conhecer e analisar.

O objetivo deste capítulo é descrever as principais características dessa experiência e refletir sobre os aprendizados e desafios que dela decorrem.

---

1. Tradução: Taise Dall'Asen, mestre em Educação pela Unochapecó, doutoranda em Educação pela Universidade Diego Portales (UDP) e Universidade Alberto Hurtado (UAH), no Chile.

O capítulo está organizado em três seções. A primeira descreve a evolução da política de indução de professores e professoras iniciantes no Chile, desde suas origens, mediante programas-piloto de formação de mentores e práticas de acompanhamento e formulação de propostas para uma política, até a institucionalização da política de indução como um componente da lei que cria o Sistema de Desarrollo Profesional Docente, mais conhecido como Lei da Carreira Docente (2016). São também analisadas a forma como se desenvolveu a implementação dessa política e as dificuldades que se apresentaram.

Na segunda seção, aborda-se especificamente o tema da formação dos/as mentores/as que realizam o acompanhamento dos docentes iniciantes. São descritas as experiências iniciais, bem como as experiências dessa formação. Em particular, é apresentada uma experiência de formação de mentoras para a educação inicial, conhecida no Chile como *educación parvularia*.[2] Na terceira seção, analisam-se determinadas aprendizagens e determinados desafios que se propõem como temas de reflexão para a discussão de políticas de acompanhamento de professores iniciantes na região. Entre os desafios, destacam-se aqueles relacionados ao sistema de indução, de modo geral, e os que se referem especificamente à formação de mentores/as. Por fim, algumas reflexões são apresentadas como conclusão.

Evolução da política de indução de professores iniciantes no Chile

Primeiras experiências de indução

Nos anos 2000, começa a ser discutida, no Chile, a necessidade de apoiar os professores no período em que iniciam seu trabalho

---

2. No Chile, *educación parvularia* diz respeito à formação integral de crianças desde o nascimento até sua entrada no ensino básico. Entendida como um período de transição entre o mundo familiar e o mundo exterior, é compreendida como uma etapa fundamental do desenvolvimento de todas as potencialidades da criança. (N.T.)

profissional, considerando que é um tema que passa a ser visualizado em nível internacional, conforme observado por diversos autores, como Carr (1999), Marcelo (1999a) e Cornejo (1999). Entretanto, em 2002, um acontecimento abriu a oportunidade para iniciar experiências nessa direção. De fato, em decorrência de discussões sobre a necessidade de promover a melhoria do desempenho docente e no âmbito das negociações entre o Ministério da Educação e o sindicato dos professores (Colégio de Professores),[3] foi criada a Asignación de Excelencia Pedagógica, que reconhece o mérito e as competências de professoras e professores destacados, por meio de um sistema de avaliação voluntária. Os professores que são certificados por sua excelência profissional, além de receberem uma distinção e um subsídio monetário, têm a oportunidade de integrar um novo Programa de Apoyo a la Docencia, chamado Red Maestros de Maestros[4] (RMM). Os membros dessa rede podem realizar atividades de desenvolvimento profissional com outros docentes, baseadas no conceito de aprendizado entre pares, por meio de "projetos de participação ativa", que recebem financiamento público. A RMM é coordenada pelo Centro de Perfeccionamiento, Experimentación y Investigaciones Pedagógicas[5] (CPEIP). Entre as

---

3. O Colégio de Professores do Chile, criado em 1974, é considerado, até hoje, a maior e mais forte organização unitária e democrática que existe no país, e está a serviço de todo o corpo docente. Atualmente, a organização tem mais de 100 mil filiados (Disponível em: https://www.colegiodeprofesores.cl/institucion/. Acesso em: 12 jul. 2024). (N.T.)

4. A RMM é um programa de apoio ao ensino implementado pelo Ministério da Educação, por intermédio do CPEIP, e tem como objetivo fortalecer a profissão docente por meio da solidariedade profissional de professores e professoras, reconhecidos nos níveis superiores do Sistema de Desarrollo Profesional Docente (Avançados, Especialistas I ou Especialistas II). Estes últimos contribuem para o desenvolvimento profissional do conjunto dos/as professores/as de sala de aula, disponibilizando suas capacidades, experiências e criatividade, com base na aprendizagem entre pares e no trabalho colaborativo (Disponível em: https://www.cpeip.cl/rmm/. Acesso em: 12 jul. 2024). (N.T.)

5. O CPEIP, do Ministério da Educação, é o organismo responsável por implementar a lei que cria o Sistema de Desarrollo Profesional Docente, que define as bases de

alternativas propostas aos professores de excelência que integram a rede, incluiu-se, desde o início, o acompanhamento de professores iniciantes, por meio da modalidade de mentorias. Foi assim que alguns professores e professoras assumiram a tarefa de apoiar e orientar os professores iniciantes de suas escolas ou de seus territórios. A preparação recebida para desempenhar essa função foi apenas a capacitação genérica oferecida a todos os membros da rede para atuar no acompanhamento de seus pares.

Avanços no desenho de uma política de indução

Um marco crucial para o surgimento da política de indução no Chile ocorre em 2005, quando o ministro da Educação convoca uma comissão composta por representantes da academia, de municípios, Colégio de Professores e CPEIP para discutir e fazer propostas para o desenho de uma política de indução para os professores iniciantes. Essa comissão propõe as seguintes orientações para uma política de indução:

- reconhecer a condição do professor iniciante, que tem características e necessidades próprias da fase de inserção no mercado de trabalho;
- assumir que essas características tornam necessário que os professores nesse período de sua trajetória profissional recebam um apoio especial;
- compreender que esse apoio deve ser fornecido por outro profissional docente de sala de aula, que tenha sido preparado para desempenhar essa função, o qual será denominado "mentor" ou "mentora".

---

uma política pública que promove, orienta e regulamenta o desenvolvimento de professores e educadores. Foi criado em 1967, com o objetivo de apoiar a reforma educacional impulsionada pelo governo do presidente Eduardo Frei Montalva (Disponível em: https://www.cpeip.cl/cpeip/. Acesso em: 12 jul. 2024). (N.T.)

Após as recomendações dessa comissão ministerial, e levando em consideração as experiências de acompanhamento realizadas por membros da RMM, o CPEIP avançou para o desenho e a execução de uma experiência-piloto, cujo modelo é caracterizado por:

- ocorre a participação de um/a mentor/a, que é um professor experiente que exerce, ao mesmo tempo, a docência de sala de aula e é certificado pelos mecanismos existentes de avaliação docente e/ou que pertence à RMM;
- o/a mentor/a recebe uma formação especial que lhe permite desenvolver habilidades e competências específicas para o trabalho entre pares profissionais, a capacidade de apoiar no desenvolvimento da construção da identidade e da autonomia profissional, e a reflexão e a análise crítica de suas próprias práticas;
- o processo de indução tem duração de um semestre e é realizado durante o primeiro ano de inserção profissional.

Para os efeitos da formação dos mentores, tema que será abordado com mais profundidade na segunda seção, o CPEIP convidou duas universidades – a Universidad Católica de Temuco e a Pontifícia Universidad Católica de Valparaíso – para elaborarem uma proposta formativa. Durante 2006 e 2007, foram realizadas experiências-piloto de formação de mentores que incluíram práticas de acompanhamento a professores iniciantes (Beca; Boerr, 2009).

Nos anos seguintes, até 2015, mas especialmente nos anos de 2008 e 2009, o CPEIP implementou uma linha de formação de mentores dentro da RMM, aplicando o currículo proposto pelas universidades mencionadas. Essa formação é realizada por meio de convênios com algumas universidades que começam a adquirir uma *expertise* especial nesse tipo de formação. Até 2015, foram formados cerca de 1.200 mentoras e mentores.

Lei do Sistema de Desarrollo Profesional Docente

Como resultado de muitos debates, baseados na revisão de pesquisas sobre a profissão docente e em negociações com o Colégio de Professores, em 2015, o governo apresenta ao parlamento um projeto de lei, que é aprovado em 2016, tornando-se a conhecida Lei da Carreira Docente (Lei n. 20.903). Contudo, essa legislação vai além da carreira profissional, pois aborda o conjunto da política docente de forma integral, ao criar o Sistema de Desarrollo Profesional Docente.

Esse sistema visa dignificar e valorizar o ensino, baseado em princípios de profissionalidade, autonomia, responsabilidade e participação, entre outros. A lei contempla cinco dimensões ou subsistemas, articulados entre si:

- Formação inicial: ingresso e processo formativo.
- Indução para professores iniciantes.
- Formação para desenvolvimento profissional contínuo.
- Trajetória (níveis da carreira) e reconhecimento profissional.
- Condições para o exercício profissional e remuneração.

Sobre cada um desses aspectos, a lei contém normas específicas que permitem elevar a condição dos profissionais da educação ao promover a melhoria da qualidade da formação inicial, consagrar o direito dos professores à indução e a uma formação contínua, gratuita e pertinente, reconhecer as etapas da trajetória profissional e as competências que permitem avançar na carreira, aumentar as remunerações e melhorar as condições de trabalho, aumentando o tempo destinado às atividades profissionais fora da sala de aula (horas não letivas).

Sem dúvida, um dos elementos mais inovadores para o sistema educacional é o subsistema de indução para professores iniciantes, tema nunca contemplado na legislação educacional chilena. A lei define a indução como um

48 | Papirus Editora

[...] processo formativo que tem por objetivo acompanhar e apoiar os professores iniciantes em seu primeiro ano de exercício docente para um aprendizado prático, eficaz e com responsabilidade, facilitando o seu desempenho profissional e a inserção na comunidade educativa da qual faz parte (Art. 18 G, Lei n. 20.903, tradução nossa).

A lei não foi escrita do zero, mas reflete as experiências anteriormente descritas. Os principais traços do modelo de indução adotado pelo sistema de desenvolvimento profissional docente estavam prefigurados nas experiências que o CPEIP vinha implementando.

Assim, estabelece-se uma indução por meio de mentorias, exercidas por professores de sala de aula experientes e especialmente formados para essa função. Ou seja, a lei assume que se trata de uma tarefa complexa que requer habilidades adicionais às que um bom professor ou uma boa professora já possuem.

As principais características que a lei define para o sistema de indução são as seguintes:

- Os professores que ingressam no exercício profissional em centros educacionais públicos e particulares subsidiados têm o direito de solicitar o acompanhamento de um/a mentor/a.
- O processo de acompanhamento ou mentoria tem a duração de dez meses e é realizado durante o primeiro ou segundo ano de exercício profissional.
- O programa de indução é administrado centralmente pelo CPEIP, responsável por formar os mentores e manter um registro nacional de mentores ao qual devem se dirigir os estabelecimentos educacionais que necessitem de apoio aos professores iniciantes.
- Cada mentor/a pode acompanhar no máximo três iniciantes por ano. O trabalho com os professores iniciantes é individual, mas é possível criar redes entre os iniciantes acompanhados por cada mentor/a.

- O processo de mentoria começa com um diagnóstico das principais necessidades do iniciante, permitindo a elaboração consensual de um plano de indução para o período correspondente.

- Na mentoria, são utilizados diversos meios, como planejamento conjunto, observação de aulas, análise e reflexão crítica da prática do professor iniciante e construção de conhecimento pedagógico de maneira colaborativa.

- Os mentores recebem pagamento pelas horas dedicadas a essa atividade, e os professores iniciantes podem destinar entre quatro e seis horas semanais de sua jornada de trabalho para participar do processo de acompanhamento. Ou seja, o trabalho do/a mentor/a e do/a mentorado/a é remunerado pelo Ministério da Educação.

- Os mentores podem ser do mesmo estabelecimento do professor acompanhado ou de outro, em um local próximo.

- Os mentores devem ser preferencialmente da mesma disciplina que o professor iniciante ou, pelo menos, do mesmo nível escolar (educação infantil, ensino fundamental ou médio).

Implementação do sistema de indução

O Sistema de Desarrollo Profesional Docente começou a ser implementado a partir de 2017, de acordo com a gradualidade estabelecida pelas disposições transitórias da lei. Em vários aspectos, por exemplo, a melhoria dos salários dos professores, os efeitos foram imediatos. Outros dispositivos, como a regulamentação da formação inicial e o aumento da proporção de horas não letivas, têm sido aplicados gradualmente, conforme estabelecido pela lei.

No entanto, no que se refere ao sistema de indução, o progresso tem sido extraordinariamente lento. O Registro Nacional de Mentores tinha 2.884 mentores até o ano de 2021, dos quais apenas 1.683 foram formados entre 2017 e 2021; ou seja, durante o período de vigência da lei, pode-se estimar que o número de professores que ingressam anualmente no sistema escolar e que têm direito à indução é de aproximadamente 2.500.

Esse número de mentores poderia não ser tão insuficiente em termos absolutos, considerando que um mentor pode acompanhar até três professores iniciantes. No entanto, o problema reside na distribuição desigual dos mentores pelas regiões do país, que não está relacionada com a distribuição dos professores, visto que as regiões têm números de população escolar e de professores muito diferentes, destacando-se, por exemplo, a região Metropolitana, onde trabalha praticamente um terço dos professores do país. Como observado na Tabela 1, o número total de mentores registrados representa 1,4% do total de professores do país, ao passo que esse percentual, em algumas regiões, chega a 4,4% (Los Ríos) e 3% (Magalhães) e, em outras, está muito abaixo da média nacional (Tarapacá: 0,5%; Antofagasta: 0,6%; Metropolitana: 0,7%).

Ainda mais grave é que, apesar de haver um número significativo de mentores formados, o número de professores iniciantes acompanhados é muito baixo, chegando apenas a 348 em todo o país, no período de 2017 a 2021, uma vez que as duplas mentor/iniciante não foram constituídas. Há, até mesmo, sete regiões (de dezesseis) onde o número de professores acompanhados não ultrapassa uma dezena.

Tabela 1 – Mentores/as formados/as e docentes acompanhados/as por região

Região	Mentores formados	% de mentores por total de docentes	Docentes iniciantes acompanhados
Arica e Parinacota	35	1,3	3
Tarapacá	17	0,5	1
Antofagasta	34	0,6	2
Atacama	30	0,9	1
Coquimbo	141	1,5	10
Valparaíso	255	1,2	38
Metropolitana	431	0,7	63
O'Higgins	95	0,9	11
Maule	325	2,5	53
Ñuble	253	–	22
Bío-Bío	404	2,5	64
Araucanía	144	0,9	30
Los Ríos	219	4,4	25
Los Lagos	209	1,9	13
Aysén	26	1,5	7
Magallanes	57	3,0	8
Sem informação	209	–	–
Total	2.884	1,5	351

Fonte: Elaboração própria, com base nos dados do CPEIP.

Entre os fatores que podem explicar a implementação lenta, pode-se mencionar que se trata de uma política que não faz parte da cultura escolar tradicional, podendo-se dizer que é uma prática "contracultural". As comunidades educativas estão habituadas a considerar os/as professores/as iniciantes como apenas mais um dos docentes, aos quais muitas vezes são atribuídas tarefas complexas que supostamente poderiam cumprir em razão de sua juventude e seus conhecimentos atualizados.

O fenômeno descrito torna indispensável um esforço especial de comunicação dessa política aos professores que ingressam e aos diretores escolares. Nesse sentido, o CPEIP implementou diversas iniciativas, mas, a julgar pelos resultados, estas não foram suficientes para alcançar todos os atores envolvidos. Os professores iniciantes e os diretores escolares parecem não ter compreendido completamente as oportunidades que o sistema de indução oferece para o desenvolvimento profissional dos novos educadores. Há evidências de que alguns professores iniciantes, por falta de informação adequada, têm receio de que a mentoria possa resultar em uma avaliação que coloque em risco sua continuidade no emprego.

Também é importante direcionar essa comunicação aos estudantes de pedagogia, por meio das universidades onde se formam, para que conheçam o direito a uma mentoria, do qual poderão se beneficiar quando chegar o momento de iniciar sua atividade profissional.

Outra dificuldade para a implementação está relacionada à complexidade da estrutura organizacional, pois requer a intervenção do centro educacional, que deve solicitar ao CPEIP um mentor para formar uma dupla entre o/a professor/a iniciante e um/a mentor/a. Este/a último/a pode ser do mesmo estabelecimento ou externo, sendo necessário coordenar os horários para a realização da mentoria.

Por fim, a pandemia gerou uma dificuldade maior, dado que não foi possível realizar o acompanhamento presencial em 2020 e 2021. Além disso, o foco das equipes gestoras estava, obviamente, concentrado em abordar problemas críticos urgentes relacionados à contingência e à adaptação ao ensino remoto ou híbrido.

Em resumo, são várias as ações que a política pública deve empreender para motivar os principais protagonistas dessa política: os professores que ingressam no sistema e as comunidades educativas.

Formação de mentores

Nesta seção, aprofundaremos a discussão de como tem sido conduzida a formação de mentores ao longo das quase duas décadas em que o processo de indução no exercício profissional docente tem sido desenvolvido no Chile.

O processo de mentoria, segundo Lily Orland-Barak (2006), uma das principais consultoras tanto para o desenvolvimento do modelo de mentoria quanto para a formação de mentores no Chile, é um sistema do qual devem participar professores com mais experiência e que deveria estar centrado no desenvolvimento profissional do professor iniciante.

O/a mentor/a é concebido/a como um profissional estratégico, preferencialmente com reconhecimento na estrutura organizacional, que, de uma perspectiva educativa construtivista, a princípio acompanha o professor iniciante com o propósito de formalmente induzi-lo, fortalecendo as competências que ele traz de sua formação inicial, enquadradas nos critérios de qualidade docente indicados no *Marco para Buena Enseñanza* (Ministerio de Educación, 2004).

Assim, o/a mentor/a desenvolve programas de indução que permitem ao professor iniciante incorporar em sua prática a reflexão e a investigação crítica e propositiva dos contextos, atuando como um facilitador entre a teoria e a prática cotidiana, fortalecendo o desempenho do papel profissional, entre outros aspectos.

Também é necessário que esse profissional esteja atento às políticas, aos novos cenários educativos, tanto nacionais quanto internacionais, às teorias do conhecimento, às características dos educandos e a seus modos de aprendizado.

Pode-se pensar que, para ser um/a professor/a mentor/a, seria suficiente ter experiência no exercício profissional como professor/a de sala de aula, mas há uma grande diferença entre ter experiência e ser especialista e, além disso, saber desempenhar a função de mentor. Carlos Marcelo (2006), citando Bereiter e Scardamalia, indica que os/as profissionais especialistas têm em comum as seguintes características:

- *Complexidade das habilidades*: o/a profissional especialista realiza suas ações com base em uma estrutura diferente e mais complexa do que a do iniciante, exercendo um controle voluntário e estratégico sobre as partes do processo, que se desenvolve de forma mais automática, no caso do iniciante.
- *Quantidade de conhecimento que o/a profissional especialista possui* em relação ao iniciante, que possui menos conhecimento.
- *Estrutura do conhecimento*: para os autores mencionados, "os principiantes tendem a ter o que podemos descrever como uma estrutura de conhecimento 'superficial', algumas poucas ideias gerais e um conjunto de pormenores ligados à ideia geral, mas não entre si. Os professores experientes, por outro lado, têm uma estrutura de conhecimento profunda e multinível, com muitas conexões inter e intraníveis" (Marcelo, 2006, p. 6, tradução nossa). Essa característica, que diferencia especialistas de iniciantes, é a representação dos problemas: o sujeito especialista presta atenção à estrutura abstrata do problema e utiliza uma variedade de tipos de problema armazenados em sua memória. Os iniciantes, ao contrário, são influenciados pelo conteúdo concreto do problema e, portanto, têm dificuldades em representá-lo de forma abstrata (Marcelo, 1999b).

Marcelo afirma que é importante que o/a professor/a mentor/a seja um/a especialista adaptativo/a, pois esse tipo de especialista é quem tem uma maior disposição para mudar suas competências, a fim de aprofundá-las e ampliá-las continuamente.

Os programas baseados na proposta-piloto desenvolvida pela Universidad Católica de Temuco e pela Pontifícia Universidad Católica de Valparaíso, já mencionada, incorporaram os seguintes módulos ou unidades:

- Políticas educacionais: esta unidade tem como objetivo aproximar o profissional que está se formando como mentor/a a novas políticas e cenários educativos, tanto nacionais quanto internacionais, teorias do conhecimento sobre como aprendem e quais são as características dos educandos.

- Mentoria como meio para a indução profissional: aqui, os mentores em formação são introduzidos ao processo de inserção no exercício docente, suas implicações, necessidades, potencialidades e consequências, ao papel e à função da indução para o desenvolvimento profissional; também começam sua transformação para adquirir uma nova identidade profissional.

- Comunicação dialógica: o objetivo deste módulo é compreender a dupla educador/a mentor/a e educador/a iniciante, desde a função profissional assumida responsavelmente pelo/a mentor/a, e valorizar o diálogo como elemento de encontro entre pares e o diálogo pedagógico, em particular, como elemento de desenvolvimento profissional, núcleo central do encontro entre ambos.

- Comunidades de aprendizagem: neste módulo, pretende-se desenvolver habilidades e competências que permitam ao/à mentor/a se abrir para uma relação baseada na confiança, na autoavaliação e na coavaliação, na aceitação da crítica construtiva e no enfoque em "transações" em que todos/as são aprendizes, a fim de promover a formação de comunidades de aprendizagem.

- Estratégias de observação e registro por meio da pesquisação: neste módulo, o objetivo é que os/as mentores/as em formação consigam ressignificar as práticas pedagógicas com base em uma abordagem sociocrítica e desenvolver estratégias de observação e análise para orientar esses processos nos professores iniciantes.

Esses programas tinham um formato de curso de especialização, com duração de 300 horas, e foram implementados regularmente a partir de 2008 por meio de chamadas que o CPEIP realizava anualmente às universidades formadoras de professores no país.

No último quadriênio, foi experimentada a formação de mentores em um curso muito mais curto, de 40 horas, desenvolvido por uma instituição não formadora de professores. Os resultados dessa formação abreviada e o exercício desses mentores ainda não foram estudados.

Pode-se confirmar que as experiências formativas realizadas, principalmente pelas universidades, demonstraram que, em maior ou menor grau, desenvolvem habilidades e competências nos professores que se formam como mentores, de modo que, ao se formarem, estão aptos a desempenhar sua função com sucesso.

No entanto, seguindo a rota formativa, é possível observar que a transformação de professor de sala de aula em mentor não é um processo fácil e que, segundo a opinião dos próprios mentores, é um processo lento, no qual muitas transformações devem ocorrer, desde mudança de crenças anteriores até a integração de novas práticas profissionais (Boerr, 2020).

Conseguir desenvolver um "olhar duplo" sobre as próprias práticas e as dos iniciantes, com o objetivo de desenvolvimento profissional, é um exercício complexo. Abandonar o "ensino" que não considera o conhecimento e a experiência do outro é difícil, e, principalmente, não tentar transmitir a experiência própria como a "única válida" é uma tarefa árdua.

A mentoria para o acompanhamento de professores iniciantes, no modelo implementado no Chile, concebe pelo menos três elementos básicos de transformação de um professor de sala de aula em mentor:

- o processo de apoio à aprendizagem de outro profissional ao qual não se "ensina", mas se incentiva a buscar respostas em suas próprias aprendizagens da formação inicial;
- a observação e a auto-observação das práticas pedagógicas, como exercício permanente para a construção de conhecimento profissional; e
- o exercício permanente da pergunta para incentivar a autonomia e a construção da identidade profissional de um professor iniciante.

Isso implica que, na etapa de formação, os professores que se formam como mentores vivenciem uma série de processos de profundas transformações.

Experiência de formação de mentoras educadoras de párvulos

Em 2021, de acordo com o processo gradual de implementação da lei que cria o Sistema de Desarrollo Profesional Docente, as "educadoras de párvulos" pertencentes a centros educativos com financiamento estatal ingressaram na carreira docente.

Isso implicou que as educadoras de educação infantil passassem a participar, a partir daquele momento, de todos os subsistemas da lei, incluindo o direito das educadoras iniciantes de receber acompanhamento em seu ingresso no exercício profissional. Assim, surgiu a urgência de formar mentoras para o acompanhamento das educadoras iniciantes.

O CPEIP convocou as universidades a apresentarem propostas para desenvolver cursos de formação de mentoras para "educadoras de párvulos" na modalidade *online*, dadas as condições de pandemia que estavam sendo vivenciadas no país.

Nesse contexto, apresentamos o desenvolvimento dessa experiência formativa, que tem algumas particularidades que a tornam diferente de outras formações. A primeira formação de mentoras em *educación parvularia*, desde a vigência da Lei n. 20.903, é uma versão realizada totalmente de forma virtual, em consideração à emergência sanitária. Foi desenhada como um curso de 100 horas, sendo 70 horas síncronas e 30 horas assíncronas. Tudo isso gerou um desafio diferente em relação às formações anteriores.

Nesse sentido, o Centro Saberes Docentes, da Universidad de Chile, apresentou uma proposta que se concretizou em um curso, de acordo com o estabelecido pelo CPEIP, do qual participaram 130 educadoras das regiões Metropolitana e Valparaíso.

A proposta formativa considerou metodologias por meio das quais as participantes incorporaram os contextos específicos nos quais trabalhavam, permitindo levar em conta variáveis de vulnerabilidade, ambientes próprios das comunidades educativas e outros aspectos significativos do âmbito local e cultural da educação infantil.

O desenho do curso foi organizado com base no *Marco para la Buena Enseñanza de la Educación Parvularia* (Ministerio de Educación, 2018), que estabelece os desempenhos esperados dos/as educadores/as, sendo, portanto, o principal referencial do processo de acompanhamento.

O curso contemplou seis módulos consecutivos e um módulo transversal, conforme a Tabela 2.

Tabela 2 – Estrutura e conteúdo do curso de formação de mentoras para "educadoras de párvulos"

Módulo 1: Mentoria
Módulo 2: Estratégias para observação e registro para a pesquisação
Módulo 3: Comunidades de aprendizagem
Módulo 4: Comunicação
Módulo 5: Gestão de aula para educação inclusiva
Módulo 6: Desenho de plano de mentoria
Módulo Transversal: Círculo de reflexão

Fonte: Centro de Estudos e Desenvolvimento de Educação Continuada para o Magistério, certificado pelo CPEIP (4 dez. 2020).

Metodologicamente, o curso foi fundamentado na teoria construtivista, promovendo a construção de conhecimento com base na interação das participantes do processo; nesse caso, na interação de pares profissionais. O desenvolvimento da formação se baseou na pesquisação e na aplicação prática da teoria, por meio do trabalho colaborativo. A pesquisação, como indicado por Schön (1992), permite que os professores reflitam sobre sua ação para aprimorá-la e gerar conhecimento.

O programa do curso se caracterizou pela combinação de atividades:

- encontros *online* síncronos de trabalho teórico;
- trabalho assíncrono, leitura, aplicação, análise e reflexão pessoal;
- encontros *online* síncronos em círculos de reflexão.

O eixo do processo formativo é constituído pelos círculos de reflexão, que são uma estratégia que coloca a formação contínua em processos reflexivos, de coconstrução do conhecimento, que permite ressignificar a prática pedagógica com o apoio de uma equipe docente composta por educadoras da educação infantil (todas mentoras certificadas e experientes) como uma oportunidade para promover, para as docentes mentoras em formação, espaços para tomada de decisões baseados em processos dialógicos que consideram os saberes profissionais, a contribuição da pesquisa, o currículo, o contexto educacional e as necessidades das educadoras iniciantes.

Durante a implementação desse curso, a equipe docente, em razão do marco representado tanto pela primeira formação de mentoras educadoras da educação infantil quanto pelo ambiente virtual da formação, decidiu realizar uma breve pesquisa sobre o processo de construção da identidade das mentoras. Valendo-se dos agrupamentos dos círculos de reflexão, foram formados grupos de pesquisa participativa com o propósito de levantar evidências dos processos individuais e coletivos ocorridos durante a transformação.

A experiência investigativa para identificar e descrever as etapas pelas quais os professores passam em seu processo formativo resultou em conclusões que permitirão investigar mais a fundo cada uma delas, mas também intencionalizar gradualmente a consciência da transformação que ocorre no processo formativo. Isso será tarefa de futuros desenhos de cursos. Da mesma forma, é interessante considerar como essa experiência pode ser extrapolada para a formação inicial em sua linha de práticas e também para o próprio processo de acompanhamento da inserção profissional.

Com base na sistematização da jornada vivida pelas educadoras-mentoras em formação, abrem-se possibilidades para futuras pesquisas, que, sem dúvida, poderão contribuir para aprofundar e melhorar as experiências formativas.

Aprendizagens e desafios

Nesta seção, destacam-se os principais aprendizados que podem ser obtidos da experiência chilena e os desafios gerados pela projeção da política de indução de professores iniciantes.

Aprendizados

A experiência em desenvolvimento no Chile destaca, pelo menos, quatro elementos que merecem consideração.

Em primeiro lugar, a gestação dessa política, por meio de experiências em pequena escala e diálogo com atores representativos do mundo sindical docente e acadêmico. Esse caminho permitiu testar modelos de mentoria e conhecer o grau de aceitação dessa política no mundo educacional antes de sua institucionalização.

Um segundo fator que sustenta essa experiência é sua articulação com outros dispositivos da política docente, como os sistemas de avaliação de desempenho, que permitem identificar potenciais mentores e mentoras entre professores com alto desenvolvimento de competências pedagógicas. Da mesma forma, o processo de experimentação da indução se beneficia do surgimento simultâneo de programas de desenvolvimento profissional colaborativo, entre os quais se destaca a mencionada RMM.

Um terceiro aprendizado está relacionado ao valor da institucionalização do sistema de indução por meio de legislação que reconhece o direito de todos os professores iniciantes de contar com o apoio de uma mentoria. Essa legislação permite a universalização e a sustentabilidade do sistema de indução, ao fornecer recursos necessários e tempo aos mentores e aos docentes iniciantes acompanhados e ao integrar o processo em planos de melhoria escolar em nível local.

Por fim, o quarto elemento é o entendimento fundamental da indução como uma etapa na trajetória docente que é reconhecida dentro de um sistema de desenvolvimento profissional, como o consagrado na lei descrita. Dessa forma, a indução estende a formação iniciada nas universidades ao mesmo tempo em que inicia um processo de formação contínua do professor em exercício, permitindo consolidar habilidades e identidade profissional.

Desafios para a projeção da política

O desenvolvimento da política de indução no Chile não tem estado isento de dificuldades, como evidenciado pela lentidão na implementação da norma legal. Essas dificuldades implicam desafios complexos, que devem ser enfrentados pelas políticas educacionais.

Serão destacados aqui os desafios relacionados ao sistema de indução em geral e, em seguida, serão analisados os desafios específicos das mentorias e da formação dos mentores.

Desafios do sistema

Um primeiro desafio, como mencionado, está relacionado a uma comunicação que permita informar e motivar os atores envolvidos no processo de indução. A tarefa é complexa, porque é necessário desenvolver uma estratégia de comunicação diversificada para diferentes atores-chave:

- os estudantes de pedagogia, que serão os futuros beneficiários e precisam ser informados sobre as oportunidades que terão ao iniciar sua carreira profissional;
- os professores que ingressam na docência, para que, tendo as informações adequadas, sejam motivados a participar do processo;
- os professores especialistas que têm as condições para serem mentores, para que compreendam as oportunidades que essa função oferece e se sintam motivados a exercê-la;
- as equipes de gestão, para que compreendam seu papel em promover a indução de novos professores e integrar o processo em seus planos de desenvolvimento profissional de suas equipes;
- as comunidades educativas em geral, para que assumam a responsabilidade de apoiar a inserção dos novos professores; e
- os administradores dos sistemas educacionais locais, para que integrem o processo de indução nos planejamentos locais e facilitem sua implementação.

Um segundo desafio é sustentar o caráter formativo do processo de indução, descartando um modelo avaliativo com consequências para a carreira profissional. Essa opção visa privilegiar a relação de confiança entre mentor e acompanhado. No entanto, em um sistema educacional como o chileno das últimas décadas, em que a prestação de contas tem sido uma prática generalizada, muitos atores, tanto mentores quanto acompanhados, acham difícil aceitar que o objetivo não seja avaliar o desempenho do iniciante, mas, sim, apoiar sua inserção. Todavia, o processo de indução é avaliado com a perspectiva de melhorar o processo formativo e fornecer informações úteis para o desenvolvimento profissional dos participantes.

Em terceiro lugar, há o desafio de integrar a indução à formação contínua, a fim de que o professor iniciante perceba o apoio fornecido pela mentoria como o primeiro passo em seu desenvolvimento profissional. É importante que a indução dê ao professor iniciante e à equipe gestora informações relevantes, que permitam orientar os planos locais de desenvolvimento profissional, incluindo a continuidade da formação, pelo menos nos primeiros quatro anos.

Um quarto desafio está relacionado à participação de diretores/as e equipes de gestão no processo de acompanhamento como parte das ações de desenvolvimento profissional que lhes competem liderar em suas comunidades educativas. Nos casos em que a mentoria é exercida por professores externos à unidade educacional, existe o risco de não envolver a participação da equipe de gestão, de se tornar uma atividade fechada entre a dupla mentor e iniciante, perdendo assim o valor da inserção no contexto escolar onde o professor inicia sua carreira.

Um quinto desafio importante é como articular a indução com a formação inicial, entendendo que a formação de um professor é um processo contínuo, que começa com o ingresso na universidade e se estende ao longo da vida profissional. A fase de apoio à inserção é, como alguns autores têm observado, uma ponte entre a formação inicial e a formação em serviço (Marcelo, 2009). Uma boa comunicação entre sistema de indução e mentores e as instituições formadoras pode contribuir significativamente para que estas últimas conheçam as lacunas nas competências de seus formados, bem como permite que os mentores conheçam o contexto formativo dos professores iniciantes que estão acompanhando. Isso se torna ainda mais necessário nas circunstâncias atuais, em que os mentores precisam entender como foi conduzida, durante a pandemia, a formação inicial dos professores que estão sendo acompanhados.

Por fim, a prática obrigatória de acompanhamento virtual, gerada pela pandemia, levanta a questão de saber se é recomendável manter momentos de mentoria de forma virtual. Surge a questão de como, e em que proporções, a presencialidade e a virtualidade podem coexistir no acompanhamento dos novos professores.

Enfrentar esses desafios, entre outros, torna-se uma necessidade imperativa para consolidar uma política crítica que fortaleça as competências dos novos educadores, bem como seu compromisso e sua motivação para seguir na docência. Isso é ainda mais relevante quando se consideram, no Chile como em outros países, as altas taxas de abandono precoce da profissão.[6]

Desafios para a formação de mentores

Com base na experiência desenvolvida, o primeiro grande desafio é conseguir formar mentores para tê-los em todo o território nacional, dada a disparidade de mentores formados e prontos para prestar seus serviços em todo o país, como mencionado anteriormente (ver Tabela 1).

Um segundo desafio é o desenvolvimento de programas de formação capazes de responder a duas condições essenciais para alcançar os objetivos que um mentor deve cumprir em seu trabalho de acompanhamento dos iniciantes: por um lado, a padronização em relação à qualidade da formação, a fim de atender aos objetivos do acompanhamento, conforme estabelecido pela lei e promovido pelo CPEIP; por outro lado, as particularidades dos níveis e modalidades educacionais dos professores iniciantes.

Em terceiro lugar, há a necessidade de adaptar tanto os conteúdos quanto as metodologias dos processos formativos às demandas e características dos professores iniciantes, não só pelas situações e pelos contextos em que começam sua carreira profissional, mas também pelas características de sua própria formação inicial. Não se pode ignorar que muitos dos professores que estão iniciando sua carreira concluíram a formação inicial durante a pandemia.

Da mesma forma, é necessário considerar o desenvolvimento profissional e a atualização dos mentores formados, o que implica a criação de redes, processos de formação contínua e outras alternativas

---

6. Um estudo de Valenzuela e Sevilla (2013) mostra que 40% dos professores que começaram em 2000 já não trabalhavam nessa função em 2009. (N.T.)

que permitam abordar, adequadamente, as necessidades dos novos professores.

A modo de conclusão

Uma primeira lição que a experiência chilena nos traz é a reafirmação da necessidade de acompanhar os professores que iniciam sua carreira profissional, o que hoje é consensual internacionalmente. Independentemente das fraquezas ou dos pontos fortes da formação inicial de professores, os docentes que estão começando necessitam de acompanhamento e formação prática e contextualizada, simultâneos às primeiras atividades profissionais. Isso contribui para a construção da identidade profissional e reduz as chances de abandono precoce, com as consequências que isso acarreta no nível pessoal e no sistema educacional.

Além disso, destaca-se a complexidade da implementação de uma prática que não tem raízes na tradição do sistema escolar, o que torna difícil socializar sua importância entre os diferentes atores educacionais: professores, diretores, administradores e formuladores de políticas.

O caso chileno também mostra as vantagens de apoiar professores iniciantes por meio da mentoria enquadrada em um conceito de desenvolvimento profissional colaborativo entre pares que partilham desafios pedagógicos de diferentes experiências. Ao mesmo tempo, destaca a complexidade do acompanhamento, o que torna necessária a formação especializada de mentores/as, sem que suas habilidades e experiências como professores em sala de aula sejam suficientes.

Outro elemento importante do sistema de indução chileno é que, junto com o protagonismo de mentores/as, o acompanhamento também é uma responsabilidade das equipes gestoras, que devem inserir os planos de indução nos planos locais de desenvolvimento profissional para dar continuidade ao processo formativo.

Também foi destacada a importância decisiva de ter passado de uma fase experimental da indução de professores iniciantes para a consagração da política por meio de uma lei que se refere à profissão docente em toda a sua trajetória. Dessa forma, a indução não é abordada como um assunto isolado nem depende de decisões voluntárias, mas tem o enquadramento legal que lhe confere força dentro do sistema educacional. Por fim, vale ressaltar que, por ser um tema novo nas políticas educacionais, há um campo aberto para a pesquisa baseada na avaliação de experiências como a do Chile e de outros países latino-americanos. Entre outras questões de pesquisa, estão: como integrar a etapa de indução com a formação inicial e a formação continuada em serviço; como conciliar a inserção na profissão e, ao mesmo tempo, no contexto escolar específico da primeira atuação docente; e como avaliar as possibilidades e os limites das modalidades virtuais para o acompanhamento dos professores iniciantes.

Referências

BECA, C. E.; BOERR, I. El proceso de inserción a la docencia. *In*: VÉLAZ DE MEDRANO, C.; VAILLANT, D. (org.). *Aprendizaje y desarrollo profesional docente*. Madri: OEI-Fundación Santillana, 2009. p. 109-118.

BOERR, I. Mentoría para la inserción profesional: primer paso en el Sistema de Desarrollo Profesional Docente en Chile. *In*: CALDERÓN, J. (org.). *Acompañamiento pedagógico: docentes noveles de Chile, Ecuador, México y Uruguay*. México: Universidad Pedagógica Nacional/Unidad Zacatecas, 2020. p. 119-130.

CARR, R. *Alcanzando el futuro: el papel de la mentoría en el nuevo milenio*. *Programa de Apoyo al Liderazgo y la Representación de la Mujer (Prolid)*. 1999. Disponível em: http://www.peer.ca/spanish1.pdf. Acesso em: 20 jul. 2022.

CORNEJO, J. Profesores que se inician en la docencia: algunas reflexiones al respecto desde América Latina. *Revista Iberoamericana de Educación*, Formación Docente, v. 19, p. 51-100, 1999.

MARCELO, C. Estudio sobre estrategias de inserción profesional en Europa. *Revista Iberoamericana de Educación*, Formación Docente, v. 19, p. 101-143, 1999a.

MARCELO, C. *Formación de profesores para el cambio educativo*. Barcelona: EUB España, 1999b.

MARCELO, C. *Políticas de inserción a la docencia: de eslabón perdido a puente para el desarrollo profesional docente*. Sevilha: Universidad de Sevilla, 2006.

MARCELO, C. *El profesorado principiante*. Barcelona: Octaedro, 2009.

MINISTERIO DE EDUCACIÓN. *Marco para la buena enseñanza*. Chile: Ministerio de Educación/CPEIP, 2004.

MINISTERIO DE EDUCACIÓN. Subsecretaría de Educación Parvularia Gobierno de Chile. *Marco para la Buena Enseñanza de Educación Parvularia: referente para una práctica pedagógica reflexiva y pertinente*. Chile: Ministerio de Educación, 2018.

ORLAND- BARAK, L. Lost in translation (perdidos en la traducción): tutores o mentores aprenden a participar en discursos competitivos de la práctica educativa. *Revista de Educación*, Chile, n. 340, maio/ago., p. 187-212, 2006.

SCHÖN, D. A. *La formación de profesionales reflexivos. Hacia un nuevo diseño de la enseñanza y el aprendizaje en las profesiones*. Barcelona: Paidos, 1992.

VALENZUELA, J.; SEVILLA, A. *La movilidad de los nuevos profesores chilenos en la década del 2000: un sistema escolar viviendo en peligro*. Chile: Universidad de Chile/Centro de Investigación Avanzada en Educación (Ciae), 2013.

VONK, J. A knowledge base for mentors of beginning teachers: result of a Dutch experience. *In*: MCBRIDGE, R. (org.). *Teacher education policy*. Londres: Falmer, 1996.

3
PROCESSOS DE INDUÇÃO PEDAGÓGICA DO PROFESSOR INICIANTE: PRINCÍPIOS DO TRABALHO FORMATIVO

Érica Cristina de Souza Sena
Maria de Fátima Ramos de Andrade
Ana Silvia Moço Aparício

Introdução

Este capítulo, que tem por objetivo analisar os desafios vivenciados por duas professoras iniciantes na carreira no tocante ao acolhimento, à constituição de vínculos e ao seu desenvolvimento nas ações formativas, revela dados de uma pesquisa que ocorreu em 2020-2021 no Grande ABC Paulista. Trata-se de um estudo qualitativo, descritivo e analítico que investigou como os professores iniciantes na carreira são acolhidos e acompanhados no desenvolvimento de suas ações pedagógicas, "aprendendo a ser professor". A fundamentação teórica aprofundou os conceitos referentes ao desenvolvimento profissional docente do professor iniciante, destacando-se o processo de acolhimento como forma de promover o desenvolvimento do conhecimento pedagógico do conteúdo e os processos de indução pedagógica. Os estudos de Nóvoa, Imbernón, Mizukami, Shulman, Almeida e Placco apoiaram a construção do referencial teórico e da análise de dados. O capítulo está estruturado em três partes: nas duas primeiras, discorremos sobre os conceitos do desenvolvimento profissional docente do professor iniciante e do processo de indução pedagógica. Na terceira parte, apresentamos a análise dos dados gerados na pesquisa de campo e, por último, tecemos algumas considerações sobre o estudo realizado.

Desenvolvimento profissional docente do professor iniciante

O desenvolvimento profissional docente tem sido pauta de muitos estudos teóricos que tratam da importância da qualificação da docência. Nesse contexto, a formação inicial e a continuada ganham visibilidade e se mostram essenciais para os que iniciam a carreira. No bojo dessa discussão, os professores iniciantes na carreira docente são aqueles que concluíram a graduação e ingressam nas unidades escolares via concursos e contratações, atuando diretamente com os alunos. Quando nos remetemos ao professor iniciante, salientamos que ele não apresentou nenhuma experiência no exercício da profissão e se encontra no processo inicial de construção de sua profissionalidade docente.

Sabemos que o professor terá um percurso longo na carreira, o que nos coloca diante da necessidade de uma formação permanente nas escolas, oferecida pela rede de ensino, pelas equipes gestoras, no contexto da própria escola, em espaços formais de reuniões individuais e coletivas para a contínua teorização da prática.

A palavra "desenvolvimento" nos remete a algo que evolui ou apresenta progressão. Quando falamos do desenvolvimento profissional docente, falamos de um processo complexo e dinâmico, constituído em diferentes momentos da vida do professor, antes, durante e após a formação inicial no contexto da formação continuada em serviço (Nóvoa, 2007).

Segundo Marcelo (2009), o desenvolvimento profissional docente se caracteriza como um processo de longo tempo, que impulsiona o professor a buscar a qualificação do seu trabalho e que envolve diversas experiências, intencionais e planejadas. O desejo do professor de aprender precisa também ser efetivo nesse caminhar. Nessa direção, Marcelo (2009), Nóvoa (2007, 2009, 2017), André (2010) e Imbernón (2010, 2011) salientam a importância de o professor assumir a profissionalização docente sendo um agente transformador, social e educacional. Desse modo, o envolvimento, o compromisso e a postura investigativa e pesquisadora do professor não podem desaparecer em face de dificuldades e problemas enfrentados no cotidiano escolar ou na sociedade.

Nóvoa (2007) pondera, ainda, sobre a importância do espaço formativo para o professor iniciante, destacando que as formações devem estar centradas na reflexão e na análise das práticas. A observação desses espaços de discussão voltados às formações do grupo e ao desenvolvimento das ações pedagógicas mostram que as formações, às vezes, são prisioneiras de modelos tradicionais e teóricos e acabam centradas em informes e longas pautas, perdendo-se de sua real necessidade: a de contribuir para o desenvolvimento profissional do sujeito.

O professor iniciante precisa perceber a importância de seu papel na escola e na sociedade, processo que legitima a sua profissionalização docente. Ao se firmar na busca de sua identidade profissional, seu compromisso transcende a aprendizagem de seus alunos (Marcelo, 2009).

Em suas contribuições, André (2010, p. 176) enfatiza a relevância de conhecer esse sujeito, "o que pensa, sente e faz o professor é muito importante, mas é preciso prosseguir nessa investigação, para relacionar essas opiniões e esses sentimentos aos seus processos de aprendizagem da docência e seus efeitos em sala de aula".

Para que os professores se sintam acolhidos, orientados e valorizados em seus conhecimentos, o trabalho de formação continuada dos professores iniciantes deve se vincular a uma perspectiva sistêmica, na qual toda a comunidade escolar se comprometa com seu desenvolvimento profissional, pois:

Ensinar é um trabalho complexo, que requer conhecimento, autonomia, autoria, prazer e criatividade. O desafio está justamente em como criar condições para formar profissionais com tais competências, sem cair na tentação de sistematizar tudo e transformá-los em cumpridores de tarefas (Cardoso *et al.*, 2012, p. 15).

Nesse sentido, o acompanhamento, a avaliação e a reflexão das práticas desse professor são fundamentais para o seu engajamento profissional, favorecendo a sua construção de conhecimentos, o alcance de melhorias e a consolidação de mudanças significativas em sua prática docente. Os espaços formativos constituídos no interior das unidades escolares são determinantes para o desenvolvimento profissional, pois os momentos de troca no coletivo e a convivência com parceiros mais experientes possibilitam ao professor iniciante vivenciar novos saberes e ampliar seu repertório de práticas (Nóvoa, 2009).

Esses movimentos contínuos permitem mudanças no fazer docente, gerando a possibilidade de um novo olhar, de forma que os docentes iniciantes possam ir além dos desafios de suas matrizes, bem como desenvolver todas as suas potencialidades, ampliando as inúmeras aprendizagens que a escola e o espaço escolar podem favorecer.

Processos de indução pedagógica

Muitos autores têm chamado atenção para a relevância de um processo de indução pedagógica com os professores que chegam diretamente das universidades e se deparam com os complexos desafios da gestão das salas de aula. As pesquisas relatam que o período inicial da docência é abrangente e se situa entre os três e os cinco primeiros anos de trabalho do professor, sendo esse período determinante para o desenvolvimento profissional docente.

Wong (2004) menciona que esse processo de indução se refere a um programa de desenvolvimento profissional contínuo e contribui para a formação e o engajamento dos professores iniciantes em suas vivências em sala de aula, promovendo o aprendizado de carreira.

O período de indução pode ser confundido com o estágio ou o período probatório; porém, são processos distintos, o período de "indução põe a ênfase no desenvolvimento da competência profissional enquanto o de probatório se destina a provar a existência da competência" (Alarcão; Roldão, 2014, p. 113). A competência e o desenvolvimento profissional docente devem caminhar em parceria e de mãos dadas nesse processo.

O processo de indução é um período que propicia articulações, parcerias efetivas com pares e professores experientes, observações e análise de boas práticas. Além disso, possibilita-se o acolhimento desse sujeito, bem como o conhecimento sobre quem é essa pessoa e quais caminhos e contribuições carrega na construção da identidade profissional.

O programa de indução ou mentoria pode ampliar caminhos e oferecer melhores condições para o ingresso dos professores iniciantes na carreira docente. Reis (2015) ressalta a importância das parcerias efetivas com as instituições de ensino superior. Entende-se, portanto, que um trabalho coeso entre as duas instituições de ensino deverá abranger futuras aprendizagens que articulem ações em prol da qualidade do ensino, da organização e da funcionalidade da escola.

Para Wong (2004), a comunidade escolar deveria estar engajada nesse processo de indução. Em outras palavras, o programa só se sustenta se a comunidade de aprendizado contemplar todos os envolvidos, do professor iniciante ao experiente, para que as contribuições sejam respeitadas e valorizadas por meio de um plano elaborado e permanente que alcance o avanço na aprendizagem dos alunos. Segundo o autor, é

> [...] provável que os professores aprovados optem por trabalhar nas escolas quando houver uma "massa crítica" de colegas que compartilhem o mesmo compromisso com desempenho do aluno e onde o diretor é a chave para estabelecer esse compromisso com a melhoria do professor e o desempenho dos alunos (Wong, 2004, p. 18).

Segundo Reis (2015), o programa de indução deve ser permanente, ou seja, é preciso que todos os professores, independentemente dos anos de exercício da profissão, voltem seus olhares para a aprendizagem e para a observação dos trabalhos de seus colegas. Nesse sentido, devem interagir como comunidades educativas que consolidam saberes e se comprometem com a formação de todos os sujeitos e com a qualidade de ensino da profissão. Em síntese, é necessário cuidar do professor iniciante, assim como precisamos cuidar dos alunos, das aprendizagens e da escola.

O acolhimento do professor iniciante e a constituição de vínculos

Trata-se de um estudo descritivo-analítico de natureza qualitativa. Em relação à coleta de dados, a primeira etapa realizada no processo com os participantes da pesquisa foi o preenchimento de um questionário que dispunha de perguntas estruturadas com o objetivo de caracterizar os profissionais, contribuindo para o momento seguinte, quando se dariam as entrevistas. Ressaltamos que as entrevistas foram gravadas e, posteriormente, transcritas, possibilitando um mergulho na realidade descrita, bem como a análise dos dados, conforme os objetivos traçados para a investigação. Os dados coletados preservam a integridade dos participantes, e seus nomes permanecem em sigilo, garantindo a confidencialidade.

As entrevistas foram organizadas com base em um roteiro com questões semiestruturadas. No que concerne às perguntas norteadoras, elas contemplam os seguintes pontos: quem são esses participantes; como acontece sua trajetória profissional; como se deram as experiências vividas quanto à inserção profissional; quais aspectos permeiam seu desenvolvimento profissional docente. Duas professoras iniciantes dos primeiros anos do ensino fundamental participaram da pesquisa e ambas atuam na mesma rede de ensino, pertencente à região do Grande ABC, no estado de São Paulo: Maria Vitória e Maria Olívia. Os nomes femininos atribuídos às professoras foram pensados com base na canção "Maria, Maria", de Milton Nascimento e Fernando Brant.

A professora Maria Olívia tem 46 anos e exerce a docência há dois anos. Sua formação acadêmica se deu nos cursos de tecnologia em processamentos de dados, matemática e pedagogia. Sua formação inicial foi realizada em instituições privadas e, além desses cursos, a docente é pós-graduada em atendimento educacional especializado e em alfabetização e letramento. Seu percurso profissional anterior à docência foi na área hospitalar. Também atuou como analista de processos, vendedora, operadora de *telemarketing* e agente de inclusão escolar. Prestou o concurso para professora e exerce a função há dois anos. Iniciou seu percurso na educação infantil, como professora de creche, onde trabalhou por um ano. No ano seguinte, atuou como professora do ensino fundamental nas séries iniciais, com uma turma do quarto ano. Percebemos que Maria Olívia iniciou a experiência profissional na área da saúde e das exatas e buscou o concurso público por estabilidade financeira em sua trajetória profissional.

Quando meu marido estava em ascensão, é... eu optei por um cargo público, então, a princípio, eu entrei na saúde, mas eu também prestei [concurso para um cargo] para agente de inclusão escolar, sem saber direito o que era, e... eu passei no concurso da saúde, comecei a trabalhar, e me chamaram no concurso de agente de inclusão escolar. Assim, eu sempre gostei bastante de deficiente, sempre achei interessante como que, assim, não a deficiência em si, mas o desenvolvimento das crianças e... aí eu me apaixonei pela área quando eu ingressei na prefeitura na área da educação e, logo em seguida, eu fui fazer pedagogia, porque, assim, eu não queria... eu queria mais, não queria só aquilo, sabe? Eu queria mais. Então, eu fiquei três anos na prefeitura de Santo André como agente de inclusão e, depois, eu ingressei, prestei concurso e ingressei para professor e estou aqui, hoje (Maria Olívia).

Maria Vitória tem 34 anos, cursou o Centro Específico de Formação e Aperfeiçoamento do Magistério (Cefam) e a graduação em pedagogia em instituição privada e na modalidade presencial. Tem pós-graduação em pedagogia institucional, neurociência e aprendizagem e neuropsicopedagogia.

Atuou como bancária e analista fiscal antes de prestar concurso para a função de professora. Trabalha há quatro anos na rede municipal.

Iniciou seu percurso na rede municipal na função de professora de educação infantil e, ao fim do primeiro ano letivo, removeu-se para outra escola, para atuar na função de professora do ensino fundamental das séries iniciais, com uma turma de terceiro ano. Lecionou apenas um ano nessa unidade escolar, pois não conseguiu continuar atuando no ensino fundamental, como era de seu interesse. Diante dessa impossibilidade, optou por trocar de escola, a fim de permanecer no ensino fundamental e continuar lecionando para turmas de terceiro ano, contando também com a jornada de 40 horas semanais.

Maria Vitória iniciou seu percurso profissional na área de exatas e somente depois da experiência da maternidade, pelo desejo de dedicar mais tempo ao filho, escolheu a carreira docente, embora tenha relatado interesse inicial pela área de educação e tenha feito o magistério no Cefam:

> Na verdade, eu sempre quis. Eu fiz magistério, então, desde sempre, a minha ideia era trabalhar na educação. Eu sempre quis ser professora, mas, quando estava terminando o magistério, estava indo para a faculdade, eu entrei na faculdade de matemática, a qual eu não terminei. Eu fiz um ano de matemática só. Quando estava na faculdade de matemática, eu fui trabalhar no banco. Eu tinha ali uns 18, 19 anos quando entrei no banco e fiquei. Trabalhei no banco; foram oito anos quase, e aí saí do banco. Quando eu saí do banco, uma amiga nossa já tinha um escritório de contabilidade, mas ela estava montando outro. Ela me chamou para trabalhar com ela. Eu fui e estava no escritório. Foi quando eu engravidei do meu filho, só tenho ele. Eu estava em casa, mexendo no computador e saiu a inscrição para o concurso, mas eu nem pensava em trabalhar com isso, mas aí pensei "mas, nossa, é minha formação". [...] Eu estava no escritório, eu saí de licença, estava em casa e saiu a inscrição e eu fiz. Quando eu fui fazer prova, meu filho estava com dois meses e eu falei assim "Gente, eu, dando aula, nunca imaginei". [...] Passei, logo assim, na primeira chamada e, quando voltei a trabalhar no escritório, que eu teria que voltar no final de janeiro, no final de fevereiro, já começaram a chamar. Então, eu já falei com a minha chefe para sair do escritório. Fui fazer os exames e

entrei. A motivação, nesse caso, quando eu saí mesmo do escritório para a prefeitura de Santo André, na verdade, eu dizia para mim que era "ah, eu vou ter mais tempo com meu filho" (Maria Vitória).

Na narrativa de Maria Vitória, também é possível perceber as matrizes pessoais e profissionais contidas em seu caminho profissional. Uma trajetória constituída de relações mais distanciadas da dimensão afetiva, mais próxima da relação cliente e prestador de serviços, o que ela mesma denomina de "visão bancária".

> Eu quis trabalhar com as crianças com uma visão pouco profissional, bancária, profissional da contabilidade, como se elas fossem minhas clientes, e eu vi que não dava certo. Estava com uma educação infantil no comecinho. Eu falei "mas está faltando alguma coisa. Essas crianças não estão gostando de mim, mas [...] o que estou fazendo de errado?". E pensando, pensando... Do nada, eu comecei, sozinha; isso foram reflexões minhas, sozinha, que me levaram a isso, *tá* [...]? Eu não tive apoio nessa questão, não. Eu falei "está faltando carinho". "O, aluno não é assim", foi um *insight* que eu tive. "Está faltando alguma coisa do tipo 'vem aqui, vou te abraçar', 'vem aqui que eu vou te acolher'", e isso reverteu completamente o processo do aluno na sala de aula e a resposta das crianças ao meu trabalho, na verdade. E foi muito prazeroso! Parece que, depois disso, foi quase um mês tentando me descobrir, e aí consegui chegar a uma conclusão rápida até, e a gente conseguiu voltar a ter uma resposta positiva, tanto que parte dos meus trabalhos falam bastante de afetividade na questão da aprendizagem. Isso foi uma questão crucial (Maria Vitória).

No relato acima, observa-se que Maria Vitória realizou a reflexão sobre sua prática sozinha, sem contar com a ajuda de interlocutores, o que revela o seu sentimento de solidão. Esse mesmo sentimento se manifesta de forma veemente no trecho a seguir:

> Eu sempre lembro de uma professora do magistério que dizia, e isso eu levei como um lema: "A sua sala de aula é a sua casa. Você fechou sua porta, ninguém pode entrar ali sem bater. A sala de aula é sua". Eu fechei a porta da sala; estou com os meus alunos.

Esse espaço aqui é meu. Então, independentemente de qualquer coisa, aqui vai ser tão bom quanto eu conseguir ser. Eu teria que me esforçar para ser melhor se eu quisesse que melhorasse (Maria Vitória).

As falas de Maria Vitória nos fazem pensar sobre a importância de superar visões ancoradas na ideia de que o professor, sozinho, deve dar conta de todos os problemas na sala de aula. Em entrevista concedida aos pesquisadores Dario Fiorentini e Vanessa Crecci (2016), Cochran-Smith destacou a relevância dos processos de reflexão, uma vez que eles não são ensinados, e sim adquiridos no exercício da experiência na prática docente. Nessa direção, a autora evidencia a importância das comunidades investigativas, nas quais os professores se reúnem e, juntos, por meio da reflexão sobre a própria prática, buscam aprofundamentos teóricos que contribuam para avanços no ensino e nas aprendizagens.

Percebemos que Maria Vitória, no início da docência, trouxe para a sala de aula a mesma relação que tinha com seus clientes, pautada em sua experiência como bancária. Em sua narrativa, notamos que sua história profissional e os modelos de formações vividos são reproduzidos naquela fase de sua carreira docente.

Nóvoa (2009) defende que o professor é uma pessoa, e essa pessoa é um professor. Por meio dessa narrativa, constata-se o quanto é difícil separar o sujeito das marcas de suas trajetórias pessoais e culturais, bem como de suas crenças e seus valores e como elas estão implicadas em seus modelos e modos de agir.

No decorrer da entrevista, Maria Vitória refletiu sobre suas atitudes no caminho de aprender a ser professora. A participante percebeu que a maneira de se relacionar com os sujeitos, a relação humana e a afetividade são parceiras na relação entre professor e aluno. A constituição de vínculos e as relações interpessoais apresentam influências no conhecimento e nas aprendizagens dos sujeitos (Almeida, 2016).

Nesse sentido, Marcelo (2009) pontua a importância do desenvolvimento profissional como um processo que ocorre durante a vida toda, no qual a identidade profissional vai se constituindo como

78 | Papirus Editora

[...] um processo evolutivo de interpretação e reinterpretação de experiências. Uma perspectiva que assume a ideia de que o desenvolvimento profissional dos professores nunca para, constituindo-se como uma aprendizagem ao longo da vida. Assim sendo, a formação da identidade profissional não se constrói respondendo à pergunta: "Quem sou eu, neste momento?", mas, sim, em resposta à pergunta: "Quem é que eu quero ser?" (Marcelo, 2009, p. 12).

Os estudos de Nóvoa (2009, p. 7) apontam que "é importante estimular, junto dos futuros professores e nos primeiros anos de exercício profissional, práticas de autoformação, momentos que permitam a construção de narrativas sobre as suas próprias histórias de vida pessoal e profissional". Desse modo, o ato de refletir sobre as experiências pessoais e profissionais deve ser exercitado nos espaços formativos no chão da escola, permitindo ao sujeito analisar o trabalho, a construção da identidade docente, a relação com o ensino, visando a melhorias nos resultados da aprendizagem dos alunos.

Uma vez apresentadas as participantes da pesquisa, passamos à análise, com base em algumas categorias que pretendem responder ao objetivo do estudo: analisar os desafios vivenciados pelos professores iniciantes na carreira no tocante ao acolhimento, à constituição de vínculos e ao seu desenvolvimento nas ações formativas.

Acolhimento e constituição de vínculos

Nesta categoria, salientamos a importância da constituição de vínculos e do acolhimento dos gestores, dos parceiros de trabalho e das famílias dos alunos para o favorecimento das relações que permeiam a constituição do grupo. O acolhimento aqui é entendido como um princípio fundamental para a construção de relações interpessoais que venham a reverberar na construção identitária do professor iniciante, tendo como finalidade o seu desenvolvimento profissional.

Sentir-se acolhido e pertencente ao grupo da escola é um aspecto essencial para o desenvolvimento de qualquer processo formativo.

Dessa perspectiva, Placco (Placco; Souza, 2006, p. 20) salienta que a aprendizagem do adulto professor decorre de uma construção grupal, pois "é só no grupo que ocorre a interação que favorece a atribuição de significados, pela confrontação dos sentidos".

Durante as entrevistas, as participantes relataram momentos em que se sentiram acolhidas assim que chegaram à escola, além de outras ocasiões em que houve prevalência dos sentimentos de indiferença e solidão. É possível encontrar, na narrativa de Maria Vitória, indícios de como aconteceu o seu acolhimento logo que chegou à unidade escolar, por meio de suas percepções sobre o modo como foi recebida:

> Quando eu cheguei na escola, não tinha nem a diretora nem a AP [assistente pedagógica] na escola. O secretário veio me receber. Ele abriu a porta e falou: "A AP falou mesmo que você viria... Estranho, né, uma atribuição de sala assim, no meio do ano". Mas era março! Eu não esqueço da fala dele. Eu falei: "Estranho..., não sei. A minha chamada já faz um tempo, mas teve que fazer exames". Aí, ele falou assim: "A sala dos professores é ali". E foi embora, simplesmente (Maria Vitória).

Pela fala de Maria Vitória, notamos que "sentir-se acolhido" é essencial ao professor que inicia sua jornada. De acordo com Almeida (2016), os aspectos relacionais são fundamentais para a constituição de vínculos, seja com os gestores e professores, seja com os alunos e demais educadores da unidade escolar. Um espaço acolhedor favorece a explicitação de medos e fragilidades. Movidos por essas questões, os sujeitos dão aquilo que têm e o que podem ofertar. Para tanto, espera-se investimento em pertença, acolhimento e constituição de vínculos por parte de todos os educadores da escola.

Quando nos referimos a todos os educadores, são todos os sujeitos que desenvolvem funções no espaço escolar. Atribuímos a todos a mesma importância, sejam educadores da limpeza, da cozinha, da secretaria, sejam porteiros, professores ou gestores. A relevância de todos os atores escolares no processo de acolhimento dos professores também é evidenciada no trecho a seguir:

Eu recorri ao material humano [risos]. Então, quem passava, eu agarrava. Tinha uma GTIS [Geração de Trabalho de Interesse Social], servente, que era de contrato. Ela me ajudou muito. Eu tinha uma aluna que fazia xixi na roupa. "Socorro". Ela dizia: "Espera aí, prozinha!". Ela pegava, levava a aluna, trocava, dava banho se precisasse, mandava alguém para limpar a sala, porque eu não podia sair de lá. Xixi no meio da sala, 30 alunos (Maria Vitória).

O depoimento revela que a entrevistada se sentiu apoiada e acolhida pela educadora/funcionária da escola diante dos desafios vivenciados em sala de aula no início da carreira. Em sua narrativa, ao repensar seu início de trabalho, Maria Vitória percebeu que o ato de acolher se estende para além da equipe gestora e passa pelos demais educadores da escola.

Por isso, é essencial que todos os educadores se sintam pertencentes à escola, seja nas reuniões de projeto político-pedagógico (PPP), seja nos demais momentos coletivos. Corradini e Mizukami (2011) defendem a relevância da construção do PPP realizada no coletivo, com reuniões efetivas e frequentes, garantindo a participação de pais, alunos, professores e comunidade educativa. Segundo as autoras, "uma escola convidativa e acolhedora tem as seguintes características: o respeito à singularidade do indivíduo, o espírito cooperativo, o sentido de pertencer, o ambiente agradável e as expectativas positivas" (*ibid.*, p. 59).

Para que os sujeitos possam se sentir pertencentes a um grupo e ao espaço escolar, é necessário que todos sejam considerados no exercício da escuta, da fala e do olhar. Dessa maneira, poderão se sentir valorizados, acolhendo os sujeitos e todos os que chegam à escola. Nesse sentido, Almeida (2012, p. 71) menciona: "[...] nosso olhar sempre tem uma perspectiva – o ponto de vista que olhamos. [...] são nossos objetivos, pressupostos, tendências, crenças teóricas, critérios – enfim, o ponto de vista em relação ao homem e ao mundo que carregamos e que temos conosco". Logo, o ato de não acolhimento é uma questão que merece ser cuidada.

Mas, no dia em que eu cheguei, mesmo ali não tinha ninguém. No dia em que cheguei para trabalhar mesmo, não tinha ninguém para me acolher. Eu não lembro. Eu juro para você. Parece ter um bloqueio aqui, que estou tentando puxar... No dia, não me apresentaram para os outros professores da escola. A minha RPS [reunião pedagógica semanal] era separada – infantil do fundamental. Então, eu fui conhecendo o pessoal aos poucos (Maria Vitória).

A narrativa de Maria Vitória ilustra que aquilo que é importante se faz presente em nossas memórias. O ato de não lembrar quem a acolheu no seu primeiro dia de trabalho pode revelar as dificuldades que, muitas vezes, são vividas não só pelos profissionais da escola como também por alunos e seus familiares.

As relações interpessoais precisam ser efetivas, e o exercício de se colocar no lugar do outro deve envolver não somente o professor iniciante, mas também alunos, gestores e demais funcionários da unidade escolar. As dificuldades nas relações interpessoais podem afetar negativamente o desenvolvimento das relações pedagógicas entre gestores, coordenadores, professores, chegando, também, aos alunos (Almeida, 2016).

Em suas narrativas, Maria Olívia e Maria Vitória expressam as dificuldades de início da docência no que toca à mudança de unidade escolar:

De repente, eu entro em outro grupo onde eu não tenho mais esse apoio da assistente pedagógica e muito menos da diretora da unidade, então, eu estranhei muito isso. As professoras me disseram, aqui é nós por nós, então, a gente se junta, então talvez, por isso, o grupo fosse tão unido (Maria Olívia).

[...] pelo menos nessa escola, não na que estou hoje, mas o pessoal que está há mais tempo, assim tipo, eu sentia assim, [...] que eles se olhavam assim e falavam... "mais uma novinha, sabe?". Eu tive essa sensação por um bom tempo (Maria Vitória).

Como sabemos, mudanças e rotatividade de professores por diversas escolas não favorecem o professor iniciante na constituição de vínculos. Maria Olívia sinalizou o recomeçar constante; mudanças que comprometem o desenvolvimento das ações formativas no início da docência. Em contrapartida, relata ter sido acolhida pelos parceiros, e a atitude deles mostrou a unidade do grupo. Maria Vitória retrata as lacunas quanto ao acolhimento, às parcerias com os pares e evidencia a solidão desse caminho.

Mizukami e Reali (2019) destacam que a rotatividade do professor iniciante não permite o engajamento no trabalho, na escola, nas relações com os sujeitos nem no desenvolvimento profissional docente, sendo esta uma das preocupações do professor iniciante. Isso pode ser constatado na fala de Maria Vitória, que, embora relate ser tranquila diante de mudanças, começa a se sentir incomodada nesse cenário:

> Eu sou muito tranquila com a questão de mudança. Eu não me importava de mudar de uma agência para outra, tanto que eu cresci muito rápido no banco por isso, porque, às vezes, as pessoas se apegam muito ao lugar e existe uma oportunidade, mas em outro lugar [...]. E essa questão de você, "Ah, neste ano vai ter que mudar de escola". Da primeira para a segunda, não foi um choque tão grande. Da segunda para a terceira, eu já não queria mudar (Maria Vitória).

Nesse contexto, é fundamental cuidarmos dos sujeitos quando adentram as escolas, pois as experiências vividas no início da docência poderão ser decisivas no exercício de toda a profissão, uma vez que a rotatividade de profissionais pode fragilizar as perspectivas de engajamento.

A inserção profissional e o caminho para se tornar professor são um processo permeado por diversos sentimentos na construção do desenvolvimento profissional docente. Nesse sentido, apresentamos as narrativas de Maria Vitória e Maria Olívia, que compartilham os sentimentos marcados no início da docência. Comecemos com Maria Vitória:

> Poxa, agora que eu preciso, na hora em que eu precisei, eu não tive, entendeu? Parece que todo mundo fez isso aqui [cruza os braços].

"Vamos ver como ela vai se virar?". E ficou assistindo de camarote. Mas Deus foi muito bom comigo e a gente conseguiu, eu consegui me virar (Maria Vitória).

No depoimento da participante, percebemos que o sentimento de solidão e a falta de apoio ocorreram no início da carreira. Os anos iniciais da docência são cruciais para o desenvolvimento desse sujeito na construção de sua identidade e no desenvolvimento profissional. Nóvoa (2017) destaca que, no espaço escolar, é fundamental que sejam efetivas as tarefas de aprender com os sujeitos, a fim de que, juntos, possam aprender a buscar o conhecimento. A perspectiva coletiva e o trabalho colaborativo são essenciais. É preciso que o coletivo de professores possa sair de si e tenha a dimensão do olhar, de ser corresponsável pelo convívio e pela inserção do sujeito. A presença efetiva dos professores experientes, o acolher para que o sujeito se desenvolva em suas ações são cuidados essenciais no aprender a ser professor. Para o autor:

> Este acolhimento e acompanhamento implica mudanças mais profundas do que aparecem à primeira vista na organização das escolas e da profissão docente. Implica que sejamos capazes de valorizar os melhores professores e de lhes dar esta missão, a mais prestigiante que podem desempenhar. Implica que abandonemos uma visão individualista da profissão e que sejamos capazes de instaurar processos coletivos de trabalho (Nóvoa, 2017, p. 29).

Na fala de Maria Olívia, notamos que a sede pela aprendizagem e a busca pelos saberes docentes são presentes. No entanto, constatamos que as atitudes não são bem-vistas pelos colegas de trabalho, especialmente os mais velhos:

> [...] o que eu mais queria era aprender, então, eu conversava muito com outras professoras da creche, eu pesquisava muito na internet, eu lia muito e tudo aquilo que eu achava importante eu aplicava na minha turma. E eu achava que isso não era muito bem-visto pelas outras professoras com mais tempo de casa; conclusão, eu fui muito bem-vista pela assistente pedagógica e nem tanto pelas professoras,

então, eu não pude contar muito com o grupo da unidade, a não ser com outras duas professoras que estavam na mesma situação que eu (Maria Olívia).

Aprendendo a ser professor: Aprendizagens no início da docência

> *Quando não souber o que fazer,*
> *vou colocar meu coração ali.*
> Maria Vitória

Maria Vitória revelou, de forma impactante, o sentimento de uma professora em relação às suas inseguranças e incertezas, traduzindo o medo do desconhecido. Quando não souber o que fazer, ela colocará seu coração. O coração, local onde são guardados os sentimentos mais íntimos dos sujeitos, é um ponto de partida salutar e insubstituível para o desenvolvimento da prática pedagógica. Entretanto, o cotidiano escolar exige a mobilização e o refinamento de múltiplos conhecimentos. Nessa categoria, apresentamos as primeiras aprendizagens da docência, enfatizando como as entrevistadas foram aprendendo a ser professoras e compreendendo que o início da docência, além de envolver diversos sentimentos, medos, inseguranças, anseios, engloba a vontade de aprender e o desejo de acertar no novo caminho a ser percorrido no exercício da docência.

Desse modo, sistematizamos, baseadas nas falas das participantes, aprendizagens essenciais que se referem diretamente à organização do trabalho pedagógico do professor e à construção da rotina escolar. Essas são categorias que transcendem o ensino do conteúdo ou da matéria, e "o professor deve ter não apenas profundidade de compreensão das matérias específicas que ensina, mas também uma educação humanista abrangente, que serve para enquadrar o que já foi aprendido e facilitar a nova compreensão" (Shulman, 2014, p. 208). O autor evidencia a importância de o professor saber o que precisa ser ensinado e aprendido. Nesse sentido, os conhecimentos pedagógicos de ensino e aprendizagem figuram como fundamentais e serão mobilizados em todo caminho da aprendizagem da docência.

Quando eu cheguei, eu falei assim: "Eu vou catar os livros". Eu queria um planejamento. Na verdade, foi o que eu busquei quando cheguei. "Me dá um planejamento do ano passado", nem que seja alguma coisa para eu saber quais são os conteúdos que eu vou ter que trabalhar com eles, com o terceiro ano, além dos livros, é lógico. Mas eu queria saber a ordem, por onde eu começava, porque estava completamente perdida. Mas essa foi a primeira coisa que eu busquei. "Gente, não tem nada? Não faço ideia..." (Maria Vitória).

A narrativa da participante expõe sua insegurança diante do desconhecido e revela sua angústia em face da realidade com a qual se deparou. Mostra também sua necessidade de ter modelos para balizar a prática, uma visão diferente da que encontrou na rede em relação ao planejamento, que precisava ser construído pelo professor e que não se encontrava pronto, como um modelo ou uma receita a ser replicada.

Em sua angústia, notamos o sentimento velado de querer acertar, conhecer os conteúdos, saber como as dimensões do ensino funcionam, apropriar-se do currículo, da concepção do trabalho desenvolvido, conseguir identificar quais saberes seus alunos apresentam. Esses elementos são indispensáveis para a aprendizagem do professor iniciante e devem estar no campo de observação e ação formativa dos responsáveis pela formação desses profissionais. Para que tais conhecimentos sejam aprendidos, faz-se necessário estar junto do professor iniciante, apresentar e discutir exaustivamente a concepção de ensino da instituição escolar e trazer materiais para que possam dialogar e compreender a dimensão do ensino. Isso pressupõe interações contínuas, que vão além da postura de um mero transmissor de conhecimentos.

Mizukami (2004) explicita a relevância de o professor ter a base de conhecimento para o ensino, essencial à promoção de aprendizagem aos alunos. Para que essa aprendizagem seja efetiva, Mizukami (2004) e Shulman (2014) argumentam que não basta o professor conhecer o conteúdo da matéria presente no seu planejamento. Mais do que isso, é importante aprimorar esse saber, e essa construção constitui um movimento contínuo e reflexivo. A reflexão permite ao sujeito qualificar seu ensino e adquirir o conhecimento pedagógico de conteúdo.

De acordo com Mizukami (2004), o conhecimento pedagógico de conteúdo vai além do domínio da matéria. Assim, são necessários o engajamento, a reflexão da prática e o conhecimento, a fim de ensinar ao aluno da melhor maneira, com vistas à aprendizagem. No processo de aprendizagem da docência, o professor é o protagonista da construção do conhecimento pedagógico de conteúdo adquirido pelo conhecimento da experiência.

O depoimento de Maria Vitória evidencia a relevância dos momentos coletivos na realização do planejamento, nas situações de reflexão da prática, contribuindo para a constituição de vínculos e aprendizagem da docência. Dessa perspectiva, as trocas de experiências são consideradas pelas depoentes como fundamentais para o desenvolvimento da prática pedagógica, como se observa nas falas a seguir.

> Assim, depois que eu também consegui entrar no grupo da escola, me inserir como professora do [...], enfim, quando eu comecei a ter um retorno positivo do meu trabalho, eu tive muitas professoras que foram parte dessa formação também. As reuniões pedagógicas nossas tinham a questão da formação, sim. Já falei e a AP foi muito parceira, muito profissional mesmo para essa questão de orientar. E eu acho que isso contribuiu bastante, muito, porque eu tinha esse espaço, eu conseguia me abrir. Olha, eu conseguia pegar a professora deles do outro ano. "Olha como eu faço, como que era?". Além da formação em si, existia um espaço para a gente trocar. Eu falo sempre, em toda a formação que eu vou, que a troca de experiências é uma formação à parte, porque isso ajuda bastante, não só a questão teórica, a questão da vivência [...] mas eu acho que da prática [...] uma prática pode ajudar muito no nosso dia a dia (Maria Vitória).

Como mencionamos anteriormente, a constituição de um espaço de trocas entre os professores é fundamental. Entretanto, para além da partilha, urge que as práticas sejam pensadas e analisadas.

Nóvoa (2007) reflete sobre a importância de uma formação centrada na análise das práticas docentes. O autor ressalta que o professor tem o desejo de fazer de novas maneiras, porém não sabe por onde começar: "Não é a prática que é formadora, mas, sim, a reflexão sobre a prática. É a capacidade de refletirmos e analisarmos" (*ibid.*, p. 16). Outro aspecto a ser fortalecido no processo de reflexão da prática é a construção dos registros. A seguir, apresentamos um trecho que mostra a importância da devolutiva do coordenador pedagógico para o aprimoramento da prática, contribuindo para a trajetória do professor em relação à produção dos relatórios de aprendizagem dos alunos:

> "No relatório, você pode pôr isso, pode ser mais sucinta aqui, falar mais deste tipo de trabalho". Então, assim, foi um norte, realmente. Ali, eu me descobri trabalhando, depois de um ano que eu só fiquei olhando para todos os lados, sem saber para onde ir (Maria Vitória).

O ato de escrever sobre a prática, de analisar os acontecimentos vivenciados e as situações propostas em sala de aula, de descrever as ações realizadas com os alunos e de relatar os sentimentos envolvidos no percurso são registros potentes, que acionam a reflexão do professor no aprendizado da docência. A escrita é uma das ferramentas mais poderosas que acompanham o professor ao longo de sua carreira docente. Ela tem o poder de eternizar as ações, de acionar os mecanismos da memória, possibilitando a sistematização dos conhecimentos e o desenvolvimento dos processos metacognitivos, como salientam Placco e Souza (2006, p. 58): "O processo metacognitivo provoca a tomada de consciência, é intencional, favorecido pela memória, numa relação intensa e dinâmica, em que esta passa por elaboração, por parte do sujeito".

O papel desempenhado pela coordenadora pedagógica, na fala de Maria Vitória, revela a importância desse exercício. Uma escola e um grupo se constroem no coletivo, no exercício conjunto da docência, todos juntos com o desejo de contribuir para o ensino e a aprendizagem de nossos alunos.

Processos de indução pedagógica

O programa de indução é a junção da formação inicial ao início da docência, processo que permite o engajamento dos professores no aprender a ser professor (Mizukami; Reali, 2019). Pesquisas indicam que, dos três aos cinco primeiros anos da docência, encontram-se os anos determinantes para o desenvolvimento profissional docente. Esse período é marcado pelas matrizes pedagógicas que o sujeito carrega em sua história, juntamente com a graduação, no processo em que deixa de ser aluno e vai se tornando/formando professor.

Ao analisar sua experiência de acolhimento inicial, Maria Vitória explicita a necessidade de formar os gestores, aqueles que recebem o professor iniciante quando ele inicia sua docência na unidade escolar:

> Eu acho que a gente tem que formar quem está ali na entrada para saber receber quem está chegando, porque você percebe que, em muitos lugares, as pessoas não te acolhem, entendeu? Você tem um cargo, que é concursado e tudo. Você tinha que entender que você está na mesma situação daquelas pessoas que estão chegando. E as pessoas, elas não se veem assim. Então, infelizmente, eu acho que é uma formação que eu esperava que as pessoas que assumissem um cargo de gestão tivessem. "Olha, você vai ser uma gestora e você vai receber profissionais que já são mais velhos do que você na rede, e você vai ter que saber lidar com isso. E você também vai receber profissionais que estão chegando agora, que nunca trabalharam. Qual vai ser a sua postura?". "Mas, fulano já sabe trabalhar, claro, já veio de outra rede, tudo bem". Mas, como fica a questão do fazer parte? Pertencer, sabe? Essa sensação eu tive nessa escola. Eu pertenço àquela escola (Maria Vitória).

O sentimento de pertencer somente ocorre quando o sujeito se sente parte do que está vivendo, pois "o primeiro passo para o professor reconhecer que faz diferença na vida do aluno e da escola se dá quando ele tem o reconhecimento de seus pares no seu contexto de trabalho" (Almeida, 2019, p. 23).

As contribuições de Wong (2004) quanto ao processo de indução salientam que, para termos bons professores, os sujeitos precisam se sentir pertencentes ao grupo e unidos aos demais parceiros de trajeto:

> Novos professores querem mais do que um emprego. Eles querem ter sucesso. Eles querem contribuir para um grupo. Eles querem fazer a diferença. Os melhores programas de indução possibilitam interação, porque são estruturados dentro de comunidades de aprendizagem onde professores novos e experientes interagem e tratam uns aos outros com respeito e são valorizados por suas respectivas contribuições (Wong, 2004, p. 12).

Maria Olívia, que menciona ter encontrado apoio no material didático do filho para lecionar os conteúdos em sala de aula, reforça as fragilidades a respeito do conhecimento do currículo, das concepções de ensino, bem como do conhecimento das metodologias e das estratégias de ensino da instituição na qual está inserida:

> Uma coisa que me ajudou bastante também foi que meu filho estava com a mesma idade e numa escola, outra escola, com os mesmos conteúdos, então, eu consegui trocar bastante, acompanhando o que meu filho aprendia na outra escola, que era uma escola particular e tinha muito a ver com aquilo que eu ensinava; então, eu comecei a puxar bastante coisa, como eu tinha todo esse suporte do meu filho e das outras professoras no conteúdo (Maria Olívia).

As dificuldades apontadas por Maria Olívia são teorizadas por Príncepe e André (2019), que reconhecem a complexa dinâmica do cotidiano escolar, que, em boa parte das vezes, não favorece o desenvolvimento profissional dos sujeitos:

> Todavia, como a vida da escola é dinâmica e o professor precisa estar na sala de aula com os alunos, é bem provável que boa parte das informações necessárias ao desenvolvimento do trabalho, como o conhecimento da proposta curricular, a sistemática de avaliação e as rotinas próprias da escola, tenham sido aprendidas por uma

iniciativa individual do professor. Ou seja, muitos docentes tiveram que começar seu trabalho sem os conhecimentos necessários e apropriados para exercer a profissão, fator que traz muitos entraves ao desenvolvimento profissional (Príncepe; André, 2019, p. 76).

Mais uma vez, acentuamos a necessidade de investimentos nas ações formativas e no processo de inserção do professor iniciante na unidade escolar como política pública. Acolher esse sujeito para que ele possa se desenvolver profissionalmente é um dos aspectos da indução pedagógica, juntamente com a organização dos pares colaborativos, as análises, as observações e a reflexão sobre boas práticas.

Considerações finais

Os dados revelaram que grande parte das experiências vividas pelos professores iniciantes é permeada pelo sentimento de solidão. Sentir-se pertencente ao grupo da escola se mostrou um aspecto importante para as entrevistadas. Para as duas professoras iniciantes, observamos que procedimentos simples, que imprimiriam toda diferença na execução do trabalho, não ocorreram, tais como: acolher o sujeito quando chega à instituição, apresentá-lo a toda equipe da escola e também possibilitar o conhecimento do espaço escolar.

Além disso, ações essenciais no que se refere à dimensão humana, como o exercício da escuta, da fala e do olhar, premissas para o acolhimento e a constituição de vínculos, foram pouco evidenciadas na fala das professoras iniciantes.

Ademais, demonstrou-se que, quando o professor está iniciando, seu engajamento na instituição em que está lecionando ocorre de forma paulatina e, nesse contexto, a rotatividade e a mudança para outra escola fragilizam a aprendizagem da docência. Percebemos que a reflexão da prática realizada pelo professor iniciante nesse período ocorre de forma solitária na maior parte das vezes. Quanto aos professores mais experientes, que poderiam contribuir nesse caminho, alguns são indiferentes ou acolhem o sujeito depois de algum tempo na instituição.

As primeiras aprendizagens da docência do professor iniciante caminham com a vontade de aprender, aliadas ao medo e à insegurança nesse processo. Os dados revelaram que as professoras não têm conhecimento sobre planejamento, os elementos necessários para a reflexão da prática e os diferentes processos relacionados ao registro da prática pedagógica.

A pesquisa confirmou que os conhecimentos pedagógicos não são ensinados na instituição escolar nem nos momentos coletivos/formativos. A base do conhecimento para o ensino não é aprendida, tampouco o conhecimento pedagógico de conteúdo. Um conhecimento tão singular, que permite ao professor refletir sobre sua prática e seu saber, aprimorando a maneira de ensinar e contribuindo para as aprendizagens dos alunos, não é instituído de modo sistemático e intencional no seio das escolas.

A construção desse conhecimento foi pouco mencionada pelas participantes, o que demonstra o não saber e a pouca percepção desse grupo acerca dos diferentes conhecimentos necessários ao desenvolvimento da docência. Além disso, deflagra o quanto se precisa investir nesses aspectos, para que se tenha professores mais preparados diante dos desafios da promoção de uma educação de qualidade social, comprometida com a aprendizagem dos alunos.

Os processos de indução pedagógica dizem respeito aos cinco primeiros anos de docência do professor, período no qual as experiências vividas pelos sujeitos podem ser dominantes ao longo da carreira docente. Assim, é essencial a presença da equipe gestora nesse caminhar com o professor iniciante no que se refere ao acolhimento, à constituição de vínculos e à aprendizagem da docência, visando qualificar o ensino aos alunos.

Nas entrevistas, as professoras iniciantes relataram como é solitário esse processo, reiterando a necessidade de se lançar um olhar de pertença a todos os que compõem a escola. Nesse caminho, reafirma-se a relevância de ter bons modelos ou mentoria, como defendido pelos estudiosos que compõem o referencial teórico deste estudo, o que permite aos professores refletir de forma intencional sobre sua prática, mobilizando seus saberes, suas ações e sua prática docente. A pesquisa revelou, ainda, que, para que o processo de indução seja efetivado, são necessários investimentos de política pública, além de um projeto da própria rede, apoiando os professores na sua inserção, na consolidação de seus saberes e dos conhecimentos necessários à docência.

Referências

ALARCÃO, I.; ROLDÃO, M. do C. Um passo importante no desenvolvimento profissional dos professores: o ano de indução. *Revista Brasileira de Pesquisa sobre Formação Docente*, Belo Horizonte, v. 6, n. 11, p. 109-126, ago./dez. 2014.

ALMEIDA, L. R. de. O relacionamento interpessoal na coordenação pedagógica. *In:* ALMEIDA, L. R. de; PLACCO, V. M. N. S. (org.). *O coordenador pedagógico e o espaço da mudança*. 10. ed. São Paulo: Loyola, 2012. p. 67-79.

ALMEIDA, L. R. de. Relações interpessoais potencializadoras do trabalho colaborativo na formação de professores. *In:* ALMEIDA, L. R. de; PLACCO, V. M. N. S. (org.). *O coordenador pedagógico e o trabalho colaborativo na escola*. São Paulo: Loyola, 2016. p. 25-40.

ALMEIDA, L. R. de. A escola, espaço para conhecimento, convivência e representação do mundo. *In:* PLACCO, V. M. N. S.; ALMEIDA, L. R. de (org.). *O coordenador pedagógico e questões emergentes na escola*. São Paulo: Loyola, 2019.

ANDRÉ, M. Formação de professores: a constituição de um campo de estudos. *Educação*, Porto Alegre, v. 33, n. 3, p. 174-181, set./dez., 2010.

CARDOSO, B. *et al. Ensinar: tarefa para profissionais*. Rio de Janeiro: Record, 2012.

CORRADINI, S. N.; MIZUKAMI, M. G. N. Formação docente: o profissional da sociedade contemporânea. *Revista Exitus*, São Paulo, v. 1, n. 1, p. 53-62, jul./dez. 2011.

FIORENTINI, D.; CRECCI, V. Interlocuções com Marilyn Cochran-Smith sobre aprendizagem e pesquisa do professor em comunidades investigativas. *Revista Brasileira de Educação*, v. 21, n. 65, p. 505-524, 2016.

IMBERNÓN, F. *A formação continuada de professores.* São Paulo: Artmed, 2010.

IMBERNÓN, F. A formação como elemento essencial, mas não único, do desenvolvimento profissional do professor. *In*: IMBERNÓN, F. *Formação docente e profissional: formar-se para a mudança e a incerteza.* 9. ed. São Paulo: Cortez, 2011.

MARCELO, C. Desenvolvimento profissional docente: passado e futuro. *Sísifo – Revista de Ciências da Educação*, Lisboa, n. 8, p. 7-22, jan./abr. 2009.

MIZUKAMI, M. G. N. Aprendizagem da docência: algumas contribuições de L. S. Shulman. *Revista do Centro de Educação da UFSM*, v. 29, n. 2, p. 33-49, 2004.

MIZUKAMI, M. G. N.; REALI, M. A. R. M. de. Aprender a ser mentora: um estudo sobre reflexões de professoras experientes e seu desenvolvimento profissional. *Currículo sem Fronteiras*, v. 19, n. 1, p. 113-133, jan./abr. 2019.

NÓVOA, A. *Desafios do trabalho do professor no mundo contemporâneo.* Palestra de António Nóvoa. São Paulo: Sinpro, 2007. Livreto. 24 p.

NÓVOA, A. Para una formación de profesores construida dentro de la profesión. *Revista de Educación*, n. 350, p. 203-218, set./dez. 2009.

NÓVOA, A. Firmar a posição como professor, afirmar a profissão docente. *Cadernos de Pesquisa*, v. 47, p. 1106-1133, 2017.

PLACCO, V. M. N. S.; SOUZA, V. L. T. de (org.). *Aprendizagem do adulto professor.* São Paulo: Loyola, 2006.

PRÍNCEPE, L.; ANDRÉ, M. E. D. A. de. Condições de trabalho na fase de indução profissional dos professores. *Currículo sem Fronteiras*, v. 19, n. 1, p. 60-80, jan./abr. 2019.

REIS, P. *A indução como elemento-chave na formação e no acesso à profissão dos professores.* Lisboa: Conselho Nacional de Educação, 2015. Coleção Seminários e Colóquios. Disponível em: https://www.academia.edu/19727843/A_indu%C3%A7%C3%A3o_como_elemento_chave_na_forma%C3%A7%C3%A3o_e_no_acesso_%C3%A0_profiss%C3%A3o_dos_professores. Acesso em: 1º jun. 2020.

SHULMAN, L. A. Conhecimento e ensino: fundamentos para uma nova reforma. *Cadernos Cenpec*, São Paulo, v. 4, n. 2, p. 196-229, 2014.

WONG, H. K. Induction programs that keep new teaching and improving. *NASSP Bulletin*, v. 88, n. 638, p. 41-58, mar. 2004.

4
RESSIGNIFICANDO AS PRÁTICAS FORMADORAS PROMOVIDAS POR COORDENADORAS E SUPERVISORAS PEDAGÓGICAS: UM MOVIMENTO EM FAVOR DA INDUÇÃO DE PROFESSORES INICIANTES

Francine de Paulo Martins Lima
Gláucia Signorelli

Este capítulo se propõe a uma discussão no campo da formação de professores, considerando aspectos inerentes à indução e ao desenvolvimento profissional dos professores iniciantes como caminho profícuo para a minimização do choque de realidade vivido pelos iniciantes e, ao mesmo tempo, para a potencialização de processos formadores que culminem na qualidade do processo de ensino e aprendizagem no contexto da educação básica, reconhecendo a equipe de coordenação e apoio pedagógico como uma das parceiras, por excelência, para que esses ideais se concretizem no chão da escola.

É certo que a qualidade do processo de ensino para a promoção da aprendizagem dos estudantes está diretamente ligada à qualidade da formação dos professores, problemática antiga, mas ainda muito presente nos debates educacionais e políticos, e longe de ser esgotada.

De acordo com Canário (2012), debates realizados na Conferência de Desenvolvimento Profissional dos Professores para a Qualidade e para a Equidade da Aprendizagem ao Longo da Vida, em 2007, proposta pelo conselho da União Europeia, já enfatizavam a necessária atenção ao desenvolvimento de ações e estratégias que pudessem fomentar a qualificação da formação de professores para o aprimoramento dos processos educacionais. Na ocasião, recomendou-se que os Estados incluíssem, entre suas "grandes prioridades, a de manter e melhorar a qualidade da formação de professores ao longo de toda a sua carreira" (*ibid.*, p. 133).

Isso posto, defendemos que as iniciativas de formação docente possam se dar na articulação entre a teoria e a prática profissional, bem como em um processo de estreita relação entre a universidade e a escola na produção de conhecimentos acerca da profissão docente, alicerçados em estudos e teorias, assim como nas vivências e experiências advindas do contexto da profissão.

Referendamos a perspectiva de Marcelo (2009) acerca do desenvolvimento profissional, concebido como um processo contínuo e colaborativo que tem grande influência na prática dos professores, notadamente dos professores iniciantes. Corroborando as ideias de Marcelo e entendendo que a realidade escolar é ponto de partida para a proposição de processos formativos para os docentes, consideramos que a formação centrada na escola pode sustentar a indução dos professores, minimizando as dificuldades e angústias que os afetam nessa etapa da carreira.

Tal perspectiva tem sido defendida também por Canário (2000) e Nóvoa (2009), e a compreendemos como um caminho possível e necessário para a implantação de processos e iniciativas formadoras que primem por discussões e reflexões apoiadas nas demandas do contexto escolar, na busca pela superação dos desafios postos pelo dia a dia da escola e da sala de aula, no fazer pedagógico, nos dilemas presentes no processo de ensino e aprendizagem e no desenvolvimento profissional docente.

Tomando como premissa a ideia de formação centrada na escola e a perspectiva de desenvolvimento profissional docente anunciadas, a discussão aqui empreendida apresenta o recorte de uma pesquisa em andamento intitulada "Ser professor: dos processos de indução à ressignificação da docência",[1] que traz em seu bojo o seguinte questionamento: como a escola pode intervir nos processos de indução e acompanhamento docente e apoiá-los? Como constituir processos formativos de diálogo, estudo e partilha que fomentem a constituição da profissionalidade docente do professor iniciante de uma perspectiva de desenvolvimento profissional?

Diante dessas indagações, temos como objetivo relatar o processo de organização e implementação de uma iniciativa de formação de formadoras para o acompanhamento de professores iniciantes e os desafios enfrentados pela equipe pedagógica de uma rede municipal de ensino do sul de Minas Gerais no processo de organização e implementação de práticas formadoras e de acolhimento aos docentes. Relatamos o processo de aproximação e desenvolvimento das ações, considerando a pesquisa-formação, cuja premissa é de diálogo, de partilha e de constituição conjunta dos conhecimentos profissionais advindos da participação das coordenadoras e supervisoras pedagógicas,[2] tendo na e com a escola a condição de parceria e interlocução.

---

1. O projeto "Ser professor: dos processos de indução à ressignificação da docência", coordenado pela professora doutora Francine de Paulo Martins Lima (Universidade Federal de Lavras – UFLA), integra o projeto guarda-chuva "Processos de indução de professores iniciantes na escola básica", aprovado pelo Edital CNPq Universal/2018 e coordenado pela professora Marli André (*in memoriam*) até 2020; e, posteriormente, pela professora doutora Laurizete Ferragut Passos, da Pontifícia Universidade Católica de São Paulo (PUC-SP). Trata-se de uma iniciativa da Rede de Estudos sobre Desenvolvimento Profissional Docente (Redep).

2. Coordenadoras e supervisoras pedagógicas são os sujeitos que participam da pesquisa; entre esses sujeitos, há apenas um homem e, por esse motivo, neste texto, adotaremos o uso do termo sempre no feminino quando nos referirmos ao grupo.

Isso posto, o objetivo central do estudo é analisar o papel da equipe de coordenação e apoio pedagógico no processo de indução e formação docente.

Neste capítulo, discorreremos sobre o desenvolvimento profissional e a formação docente centrada na escola; em seguida, discutiremos a indução com foco na atividade profissional dos professores em contexto real de trabalho; na sequência, apresentaremos o percurso metodológico e todo o movimento realizado pelas pesquisadoras e pelas coordenadoras e supervisoras pedagógicas que participam da pesquisa; posteriormente, será descrita a iniciativa de formação docente centrada na escola com foco na formação da equipe de coordenação e supervisão de docentes iniciantes e experientes atuantes na rede municipal de Lavras, cidade situada no sul de Minas Gerais. Por fim, serão explicitados as aprendizagens e os ganhos da participação das coordenadoras e supervisoras pedagógicas na reflexão sobre o trabalho de acolhimento aos professores iniciantes.

Desenvolvimento profissional dos professores iniciantes como compromisso dos formadores

O desenvolvimento profissional de professores deve começar no primeiro dia de atuação e se estender ao longo do exercício da profissão. No campo da formação de professores/as, o desenvolvimento profissional se configura, segundo Marcelo (2009), como um movimento evolutivo e contínuo que se inicia na formação inicial e perpassa toda a carreira. Essa é uma perspectiva que compreende a formação ininterrupta e contextualizada.

Alarcão e Roldão (2014, p. 120), bem próximos ao conceito de Marcelo (2009), entendem o desenvolvimento profissional "como a construção de conhecimento profissional capaz de dinamizar transformativamente a práxis do professor, num percurso contínuo de desenvolvimento sustentado", concepção que temos defendido em nossos estudos teóricos e práticos acerca dessa temática.

A ideia de "percurso contínuo" liga as formações inicial e continuada dos professores durante toda a trajetória profissional, amparando a prática e abrindo caminhos para uma atuação consciente, crítica e "sustentada", porque implica apoio aos professores. Desenvolver-se profissionalmente, no entanto, é um processo de longo prazo. Inclui ganhos, perdas, avanços, contradições, retrocessos e descontinuidades, mas, ao mesmo tempo, integra diferentes oportunidades e experiências, que delineiam sistematicamente o crescimento e o desenvolvimento dos/as professores/as (Marcelo, 2009).

Na mesma direção, André (2010, p. 175) afirma que "a formação docente tem que ser pensada como um aprendizado profissional ao longo da vida, o que implica envolvimento dos professores em processos intencionais e planejados que possibilitem mudanças em direção a uma prática efetiva em sala de aula". A autora enfatiza que o desenvolvimento profissional é facilitado quando leva os professores a alcançarem a qualidade do ensino e, em primeira instância, a qualidade da aprendizagem dos alunos.

Nesse sentido, ao compreendermos a importância e a complexidade do desenvolvimento profissional, nossa preocupação recai sobre os professores iniciantes que, inseridos na escola pela primeira vez como professores, com a função de atuar na formação de alunos/as, têm poucas experiências nesse espaço, advindas, quase sempre, do estágio supervisionado realizado durante a formação inicial e/ou da participação em projetos articulados entre a escola e a universidade.

Entendemos que a escola é um lócus privilegiado para o desenvolvimento profissional dos professores, espaço onde estabelecerão, pela primeira vez, relações profissionais com outros docentes, com demais profissionais, alunos e pais. No entanto, para os professores iniciantes, é um novo lugar de ocupação e, desse momento em diante, dentro de uma categoria profissional.

Ao se inserir na escola, o processo de formação docente ganha, com maior intensidade, a dimensão da prática experienciada, principalmente no contexto da sala de aula, lugar onde a relação ser, saber e conhecer

Professores iniciantes e processos de indução | 99

aciona conteúdos pessoais, culturais, históricos e sociais que, segundo Ferreira (2020, p. 8), ocorrem "numa encruzilhada de caminhos que tende a unir práticas educativas, pedagógicas, escolares e de ensino", para as quais o professor iniciante não está totalmente preparado, uma vez que se encontra em processo de aprendizagem e de adaptação.

Nessa conjuntura, o docente iniciante aprenderá não somente a ensinar, função legitimadora da docência, mas também a "vivenciar um rol de aprendizagens relacionadas à adaptação às regras do sistema de ensino e das escolas; a organização do trabalho pedagógico; a gestão da disciplina; a motivação dos alunos; o atendimento aos pais, entre outros" (Príncepe, 2017, p. 16). Tais aprendizagens colocam o professor numa condição de sujeito "que agrega, interfere, aprende, convive e caminha pelos diferentes espaços que a vida o conduz" (Hobold, 2018, p. 428). De acordo com Hobold, são essas experiências que contribuem para o desenvolvimento profissional dos professores.

Contudo, há que se considerar que o desenvolvimento profissional, mesmo que seja uma premissa a todos os professores, dá-se de forma individual e particular para cada sujeito, sendo mais ou menos intenso, a depender da fase da carreira em que o docente se encontre, do investimento que faz, das condições de trabalho, do desenvolvimento e do clima organizacional, das parcerias na escola ou da falta delas, entre outros aspectos.

Neste estudo, destacamos o desenvolvimento profissional dos professores em início de carreira, ponderando a necessidade de um movimento contínuo e crescente de apoio aos iniciantes, pois os estudos de Marcelo (1999, 2009), André (2010, 2012), Signorelli (2016) e Príncepe (2017), entre outros, têm ratificado as dificuldades que os docentes vivenciam no início da carreira e a necessidade de serem acolhidos, de receberem de seus pares orientações sobre o funcionamento da escola, de estabelecerem relações prazerosas e amigáveis e de construírem conhecimentos profissionais consistentes (Signorelli, 2016).

Ressaltamos o importante papel desempenhado pela equipe de supervisão, coordenação pedagógica e apoio escolar, que são os pares mais próximos para o acolhimento e acompanhamento dos professores iniciantes, sendo responsáveis por organizar, pensar e refletir sobre estratégias que possam congregar as necessidades formativas dos docentes iniciantes, assim como suas angústias e seus avanços.

Apesar de a formação continuada dos professores ser também um dos papéis a serem desempenhados pelos coordenadores e supervisores pedagógicos, ela nem sempre se concretiza na prática, em razão das diferentes demandas, que muitas vezes se centram mais nas questões administrativas ou naquelas que levam esses profissionais a "apagar incêndios", não sobrando espaço para processos de acompanhamento, apoio nem mesmo de promoção da formação contínua dos professores.

Ambrosetti *et al.* (2020, p. 7), pensando que o coordenador e o supervisor coadunam com a figura de formador de professores, destacam:

> O cenário de atuação dos formadores escolares é muito diversificado, bem como seu estatuto profissional, formação, condições de trabalho, estabilidade na função, o que torna difícil entendê-los como um corpo profissional claramente definido. O trabalho desses formadores é complexo e rodeado de indefinições, assim como as diversas denominações dadas a esse grupo profissional.

Nesse sentido, diante de diferentes indefinições, nem sempre é possível consolidar esse papel de formador. No entanto, reafirmamos aqui a urgência de coordenadores e supervisores assumirem a essência pedagógica e formativa de seu trabalho, corroborando a ideia de que, como conhecedores do projeto pedagógico da escola, do grupo de professores e da comunidade escolar, são eles os profissionais que, pela natureza de sua função, podem e devem assumir o lugar de formadores de todos os professores, especialmente os iniciantes, da perspectiva da indução docente.

Sabemos que há um longo caminho a ser percorrido nesse campo da formação docente; porém, temos percebido que os processos de indução profissional têm favorecido a inserção na carreira e o desenvolvimento profissional dos professores.

A discussão sobre o desenvolvimento profissional dos professores nos remete a outra tão importante quanto ela, aquela sobre a indução à docência.

A indução com foco na atividade profissional de professores em contexto real de trabalho

Como sabemos, o início da vida profissional dos professores é sempre um desafio. Pesquisas como a de Gabardo e Hobold (2018), Signorelli (2016) e Príncepe (2017) têm evidenciado que há sofrimento, tristeza, amargura, sentimento de abandono, frustração, desencorajamento e até desistência da carreira nesse período. São sentimentos conflitantes, vivenciados em um clima de incertezas e inseguranças que, se não cuidados, poderão ser desastrosos para os iniciantes, tanto pessoal quanto profissionalmente.

Salientamos que a indução à docência, como processo que socializa e integra os professores na vida profissional, é tão importante quanto o desenvolvimento profissional que precisa ocorrer ao longo da carreira. São dois processos distintos e, segundo Cruz, Farias e Hobold (2020, p. 2), a indução tem se mostrado "como possibilidade para reduzir dificuldades de diversas ordens que afetam o início da docência".

Alarcão e Roldão (2014) demonstram que muitos países têm organizado programas de indução com foco na atividade profissional dos professores em contexto real de trabalho, tomando como princípio básico a colaboração. As autoras relatam que os programas de indução assumem diferentes lógicas. São programas obrigatórios e facultativos; alguns de cunho tecnicista e acrítico, outros que potencializam as capacidades de desenvolvimento pessoal, profissional e social dos professores; há aqueles de caráter formal, outros são mais informais; uns mais específicos e outros mais abrangentes. Relatam, também, que há variação da extensão dos programas, que podem ter entre um e cinco anos de duração.

De toda forma, mesmo com diferentes características, os programas de indução são construtos importantes, idealizados com base na complexa realidade que vivenciam os professores no início de suas carreiras.

Para Marcelo (1999, 2006), a indução configura um tempo para aquisição de conhecimentos e competência profissional que os professores em início de carreira ainda não adquiriram/desenvolveram. As situações e atividades são completamente novas, para as quais eles precisam de apoio e orientação, a fim de se familiarizar com elas e começar a gerenciá-las. A esse respeito Cruz, Farias e Hobold (2020, p. 5) afirmam:

> O docente iniciante tende a investir muito mais energia, tempo e concentração para resolver problemas peculiares ao seu trabalho, pois seu repertório de conhecimento experiencial ainda é limitado, o que o faz vivenciar uma sobrecarga cognitiva, afetiva e emocional diante do que precisa aprender. E é nesse movimento de crescimento, de reelaboração de seu repertório de conhecimento profissional, que ele amplia e consolida sua compreensão e práticas sobre seu trabalho e suas especificidades.

Destaca-se, nesse sentido, a importância da indução como processo que apoia sistematicamente os professores iniciantes durante determinado período, pelo menos um ano (Pacheco; Flores, 1999), a fim de promover o bem-estar pessoal e profissional no contexto da docência.

A indução, para Wong (2020, p. 3), é "um processo abrangente, consistente e detalhado de desenvolvimento profissional [...] para formar, apoiar e reter novos professores e fazê-los progredir num programa de aprendizagem ao longo da vida". O autor descreve que, em localidades onde são desenvolvidos bons programas de indução, "abrangentes, coerentes e contínuos", e que apoiam, extensivamente, os professores, há uma retenção maior na profissão. Enfatiza ainda que, "sem um programa de desenvolvimento profissional cuidadosamente pensado, os distritos escolares não terão professores eficazes que possam produzir bons resultados de desempenho do aluno" (*ibid.*, p. 8).

Wong (*ibid.*) destaca que alguns programas tendem a acatar aspectos da cultura local que atendem às especificidades dos sujeitos, das escolas e até mesmo do município em que são desenvolvidos; no entanto, segundo o autor, há alguns pontos comuns que fazem parte dos bons programas, são eles:

- Começam com quatro ou cinco dias iniciais de indução, antes do início das aulas.
- Oferecem um *continuum* de desenvolvimento profissional, por meio de treinamento (formação) sistemático durante um período de dois ou três anos.
- Organizam grupos de estudo em que os novos professores podem se relacionar e construir apoio, comprometimento e liderança em uma comunidade de aprendizado.
- Incorporam um forte senso de apoio administrativo.
- Integram um componente de mentoria no processo de indução.
- Apresentam uma estrutura para conseguir um ensino eficaz na formação em serviço e na mentoria.
- Fornecem oportunidades para que os novatos visitem salas de aula de demonstração (*ibid.*).

Tais características são um indicativo de como os programas de indução podem se organizar em benefício dos professores iniciantes. Além dessas características, experiências realizadas na Suíça, no Japão, na França, em Xangai (China) e na Nova Zelândia, conforme demonstra Wong (*ibid.*), embora tenham abordagens diferentes acerca da indução, apresentam três características comuns: i) abrangência – equipes estruturadas, com funções bem definidas (mentores, formadores, elaboradores, administradores) e monitoramento rigoroso; ii) aprendizagem profissional – crescimento e desenvolvimento do profissionalismo dos professores; iii) colaboração – trabalho colaborativo, experiências e práticas compartilhadas para o desenvolvimento da identidade grupal, além do tratamento que o novo professor recebe dos colegas experientes.

O que defendemos é, na verdade, a criação de programas oficiais ou políticas públicas de indução, pois, só assim, alcançaremos todos os professores que ingressam na carreira. Nenhum ficará de fora, e todos receberão o apoio de que necessitam para se socializar na profissão. Uma boa indução poderá possibilitar experiências iniciais positivas que incentivem os professores a continuar. O início da socialização profissional deve ser permeado por orientações e ajuda de toda natureza, que facilitem o desenvolvimento profissional e sejam capazes de minimizar o mal-estar inicial que causa medo e angústia e, ainda, promover o processo de crescimento dos professores na carreira docente desde o início.

Entretanto, embora ainda não tenhamos no Brasil políticas públicas de indução, algumas iniciativas pontuais já têm sido realizadas, como, por exemplo, na Secretaria Municipal de Educação de Sobral, no Ceará; na Secretaria Estadual de Educação do Ceará; na Secretaria Estadual de Educação do Espírito Santo; na Secretaria Municipal de Educação de Jundiaí, em São Paulo; na Secretaria Municipal de Educação de Campo Grande, em Mato Grosso do Sul; no Programa de Acompanhamento de Professores em Início de Carreira (Papic) da Universidade Federal de Mato Grosso; no Programa de Mentoria *Online* da Universidade Federal de São Carlos, em São Paulo; no Programa de Acompanhamento Docente em Início de Carreira para Professores de Educação Física (Padi) da Universidade do Extremo Sul Catarinense, em Santa Catarina; e no Programa de Acompanhamento aos Alunos da Faculdade de Educação da Universidade Estadual do Rio de Janeiro. Tais dados, levantados pela pesquisa de Cruz, Farias e Hobold (2020), ratificam a falta de políticas públicas de indução para os professores iniciantes, pois os programas ou projetos que as referidas instituições desenvolvem são iniciativas particulares, que buscam atender à demanda dos professores em início de carreira.

Este estudo é uma dessas iniciativas, desenvolvido com a equipe pedagógica – coordenadoras e supervisoras pedagógicas – da rede municipal de ensino de Lavras, no sul de Minas Gerais, que busca fomentar os processos de desenvolvimento profissional dos professores iniciantes de uma perspectiva de formação docente centrada na escola, considerando as demandas e necessidades dos professores em início de carreira.

As coordenadoras e supervisoras pedagógicas que atuam nas escolas são, pela natureza de seus cargos ou funções, formadoras de professores. Essas profissionais atuam com os professores e têm, entre suas responsabilidades, a de realizar o acompanhamento pedagógico no cotidiano escolar e a formação continuada dos docentes.

André (2012, p. 215) esclarece:

> O formador de professores é um profissional que integra a equipe de gestão e, em geral, assume a função de coordenação pedagógica, tornando-se um dos responsáveis pela implementação do projeto político-pedagógico, pela formação contínua dos professores e pela avaliação das ações empreendidas, tendo em vista o sucesso na aprendizagem dos alunos.

Dessa perspectiva, entendemos que as coordenadoras e supervisoras pedagógicas participantes desta pesquisa, valendo-se do desenvolvimento de seu trabalho, figuram como sujeitos que têm maior aproximação com os professores iniciantes nas escolas, podendo ser, para eles, mediadoras dos processos de aprender a ser professor.

Caminhos metodológicos: Ressignificando as práticas formadoras da perspectiva do desenvolvimento profissional e da indução de professores iniciantes

Assumir a postura de formadoras de professores é um processo em construção e requer estratégias contínuas de formação dirigidas às coordenadoras e supervisoras pedagógicas, a fim de que, efetivamente, acolham e apoiem os professores iniciantes em suas necessidades formativas. De acordo com Lima e Lazarini (2022, p. 180),

[...] conceber os supervisores e coordenadores pedagógicos como formadores da equipe de professores amplia as possibilidades de formação centrada na escola, pois esse profissional assume um papel articulador dos saberes dos professores e sua relação com a proposta de trabalho da escola.

As autoras complementam essa ideia, destacando que, para qualificar a ação docente e atender a suas necessidades, é preciso, antes de tudo, qualificar as ações formadoras de modo que coordenadores e supervisores pedagógicos assumam "uma postura e atitude de formadores, que, por sua vez, também necessitam de formação para desempenharem esse papel com segurança" (*ibid.*, p. 181).

Nessa direção, delineou-se uma proposta de pesquisa-formação com o objetivo de fomentar a formação de formadoras – coordenadoras[3] e supervisoras pedagógicas[4] atuantes na educação infantil e nos anos iniciais do ensino fundamental da rede municipal de ensino de Lavras, em Minas Gerais –, a fim de que desenvolvessem pautas formativas cujo foco fosse o acolhimento, o acompanhamento e a indução de professores iniciantes.

Elegemos a pesquisa-formação como forma de pesquisa e percurso metodológico por entendermos que ela comporta uma perspectiva em que a pesquisa e a formação se retroalimentam e se constituem; o pesquisador e o pesquisado são partícipes e parceiros no processo de pesquisa e de formação. Segundo Longarezi e Silva (2013), na pesquisa-formação, o diálogo contínuo é incentivado e é a base para o processo investigativo que se constitui no próprio processo de formação. Prada e Longarezi (2012, p. 269) complementam essa ideia ao definir a pesquisa-formação "como sendo uma metodologia que contempla a possibilidade de mudança das práticas, bem como dos sujeitos em formação. Assim, a pessoa é ao mesmo tempo objeto e sujeito da formação".

---

3. Denominação dada ao cargo de profissionais atuantes em creches.

4. Denominação dada ao cargo de profissionais atuantes em escolas regulares.

Com base nas premissas da pesquisa-formação, foi proposto à Secretaria Municipal de Educação de Lavras o desenvolvimento de um curso de formação direcionado às coordenadoras e supervisoras pedagógicas, iniciado no segundo semestre do ano de 2019, porém interrompido em 2020, em razão da pandemia de Covid-19, que acometeu todo o mundo e impôs o distanciamento social.

As atividades de formação foram retomadas em abril de 2022, conduzidas por uma pesquisadora experiente, acompanhada de três pesquisadores iniciantes, integrantes do grupo de pesquisa Formação Docente, Práticas Pedagógicas e Didática (Forpedi/CNPq/Ufla).[5]

Dos encontros de pesquisa-formação

Os encontros de pesquisa-formação foram realizados quinzenalmente entre os meses de setembro e dezembro de 2019 e, posteriormente, de abril a dezembro de 2022. Por meio da proposta de um curso de extensão intitulado "Diálogos com supervisores e coordenadores pedagógicos: didática e formação docente", dirigido às coordenadoras e supervisoras pedagógicas da rede de ensino do município de Lavras, as ações formativas foram se desenvolvendo, tendo como premissa o diálogo com as 55 participantes e as demandas por elas apresentadas. É relevante registrar que, nesse processo de pesquisa-formação, não há prevalência das pesquisadoras sobre os participantes na tomada de decisão ou no encaminhamento das discussões. As pesquisadoras, dessa perspectiva, assumem o papel de provocadoras, considerando uma temática inicial e de acolhimento às demandas e necessidades formativas dos participantes.

A temática provocadora apresentada pelo grupo de pesquisadoras foi "Processos de acolhimento e indução a professores iniciantes", propondo aos participantes a reflexão sobre como foi o seu próprio processo de chegada na profissão, buscando apreender se passaram ou

---

5. O grupo de pesquisa Forpedi é coordenado pela professora doutora Francine de Paulo Martins Lima e integra a Redep.

108 | Papirus Editora

não por processos de acolhimento, apoio e indução. Na etapa inicial, foram usadas diferentes estratégias para fomentar a reflexão: registro de memórias e socialização com os pares, além de casos retratando a temática.

Feita a provocação, o diálogo acerca do tema ganhou relevância, oportunizando a abertura para outros diálogos e temáticas que cercavam a docência e, por consequência, o papel das coordenadoras e supervisoras pedagógicas para o apoio, acompanhamento e acolhimento dos docentes iniciantes. Na sequência, abriu-se espaço para que as necessidades formativas do grupo emergissem e se transformassem em temas a serem discutidos e aprofundados em estudos de referenciais teóricos que elucidassem a questão ou aprofundassem a compreensão do grupo.

O curso proposto tem uma carga horária de 100 horas, organizadas em três módulos. O primeiro tem 30 horas e é intitulado "Diálogos iniciais", aborda questões sobre o acolhimento e a especificidade do trabalho da coordenadora e supervisora pedagógica. Já o segundo, com 40 horas, intitulado "Diálogos necessários", propõe o estudo de pautas formativas para o trabalho com professores iniciantes e experientes. Por fim, o terceiro módulo, composto por 30 horas e intitulado "Diálogos possíveis e desenvolvimento das pautas formativas com os docentes da educação básica", propõe a realização de encontros de formação docente no contexto da educação básica, ampliando as possibilidades formativas na escola, considerando as necessidades do grupo de professores, conduzido pela equipe de coordenação e supervisão pedagógica em cada uma das escolas representadas.

A proposta dos "Diálogos", realizada em módulos, foi sendo refinada e redefinida ao longo dos encontros, abarcando as demandas do grupo e a necessidade de atendimento às especificidades das questões dilemáticas apresentadas, especialmente aquelas que envolvem a compreensão da especificidade do trabalho da coordenadora e supervisora pedagógica e as possibilidades e condições de apoio efetivo aos docentes iniciantes da escola em que atuam. Esse foi um ponto relevante do processo, com aprendizagens profícuas tanto para os participantes quanto para a equipe de pesquisa, pois necessitou estabelecer uma relação de confiança e compartilhamento contínuo na busca por elucidar as demandas apresentadas e, em conjunto, buscar possíveis soluções para a resolução delas.

Da provocação da temática "acolhimento e indução de professores iniciantes" à elaboração das pautas formativas para docentes iniciantes por coordenadoras e supervisoras pedagógicas

Na rede municipal de ensino de Lavras, no início de período letivo, são realizadas ações de formação de professores, que são complementadas com ações formativas pontuais ao longo do ano. As escolas, como em toda rede de ensino, realizam encontros semanais, quinzenais ou mensais, com o intuito de tratar das suas questões pedagógicas e administrativas, apesar de todos os desafios de superar os diálogos puramente administrativos que, como menciona uma das coordenadoras participantes, "atropelam o pedagógico".

Embora existissem encontros de formação, não havia registros de iniciativas de formação voltadas para as coordenadoras e supervisoras pedagógicas especificamente. Estas, geralmente, compartilham das mesmas formações que os docentes. Entendemos que é uma oportunidade formativa, mas sabemos que as demandas de formação das coordenadoras e supervisoras são distintas daquelas apresentadas pelos professores. A situação descrita confirma o que Placco e Souza (2008) relatam, em pesquisa sobre a função e o trabalho do coordenador pedagógico, que são praticamente inexistentes formações específicas dirigidas aos coordenadores pedagógicos nas redes de ensino. As autoras enfatizam a necessidade de ampliação de processos formativos situados e que tratem das demandas específicas da profissão.

Entre as demandas desse grupo está o papel de formadoras de professores no contexto da escola, o que requer habilidade e conhecimentos específicos para assumirem tal função. Pensando na qualificação das ações formativas a serem desenvolvidas pelas coordenadoras e supervisoras pedagógicas e na qualidade das discussões pedagógicas empreendidas no desenvolvimento dos módulos, os encontros de formação foram organizados para explicitar certa coerência nas ações e propostas do dia, pois entendemos que poderiam servir de referência, em última instância, para os grupos de professores nas escolas.

Dessa perspectiva, em todos os encontros, era colocada a pauta do dia, e, apesar de os temas serem diversificados e os materiais de estudo também, a organização apresentava uma constância, sempre fazendo analogia à ideia de "Diálogos" proposta no curso, preparando o encontro em quatro momentos: *diálogos deleite*; *diálogos necessários*; *diálogos com referenciais teóricos*; *diálogos possíveis*.

Os momentos de diálogos propostos tiveram como objetivo não apenas tratar de um dilema ou uma demanda, mas também ampliar os conhecimentos culturais, por meio dos *diálogos deleite*, que comportavam uma leitura, um vídeo, uma memória ou até mesmo uma provocação relacionada ou não com a temática a ser discutida no dia. Contaram, ainda, com o momento de retomar, da perspectiva das participantes, as demandas e necessidades formativas, por meio dos *diálogos necessários*, somando-se ao aprofundamento dos estudos com base teórica, a fim de elucidar cientificamente as questões apresentadas e que requerem encaminhamentos pedagógicos mais consistentes, por meio dos *diálogos com os referenciais teóricos*. Por fim, a busca de encaminhamentos possíveis, na prática, da perspectiva de solucionar dilemas ou potencializar as práticas pedagógicas desenvolvidas com os professores, por meio dos *diálogos possíveis*.

Muitas foram as temáticas que emergiram da provocação das possibilidades de acolhimento e acompanhamento dos professores iniciantes, entre elas as condições de trabalho da coordenadora e da supervisora pedagógica; as necessidades formativas dos professores; a ausência de acolhimento a coordenadoras e supervisoras pedagógicas – como acolher sem ser acolhido; os "incêndios" diários que interferem diretamente no trabalho do coordenador; as diferenças de necessidades formativas dos professores iniciantes em relação aos professores ingressantes e professores experientes; a relação com a gestão escolar;

a relação com as famílias; as demandas de inclusão de crianças com necessidades específicas. Tais temáticas surgiram em meio a reflexões e diálogos tecidos com o grupo e fizeram emergir novas pautas de formação e compromissos de estudos para os encontros seguintes.

Como estratégia de estudo e sistematização das discussões, foram realizadas leituras compartilhadas; exposição teórica pelas pesquisadoras sobre referenciais teóricos específicos; estudos em duplas ou em grupos; sistematização das ideias em registros reflexivos e sínteses; organização de planejamento de acompanhamento dos docentes e ações formativas em consonância com o projeto pedagógico da escola no curto, médio e longo prazo; definição e redefinição do papel da coordenadora e supervisora – tomada de consciência da função; estudos sobre casos de ensino envolvendo professores iniciantes; incidentes críticos retratando o dia a dia da coordenadora e supervisora pedagógica; e, finalmente, elaboração de pautas formativas considerando as demandas e necessidades formativas de professores iniciantes e também de docentes experientes.

Neste capítulo, ao nos voltarmos para a elaboração das pautas formativas dirigidas aos docentes iniciantes, destacamos que aquelas elaboradas pelas coordenadoras e supervisoras pedagógicas revelaram a incorporação de uma nova forma de pensar as relações de formação na escola, tomando como base as necessidades formativas dos docentes iniciantes, ingressantes e experientes e, ao mesmo tempo, a incorporação de uma postura de formadoras responsáveis e comprometidas com o desenvolvimento profissional dos docentes.

Das temáticas escolhidas para os diálogos com as coordenadoras e supervisoras pedagógicas, considerando a realidade em que atuam, emergiram as que se referem à retomada das memórias e vivências escolares e do ideal de educação, às razões que as levaram a se tornarem professoras e aos caminhos percorridos até ingressarem na docência, valorizando a pessoa do professor e sua história de vida, seus anseios e perspectivas, ponto de partida para o acolhimento efetivo, entendendo a pessoa em contínua evolução e formação. Identificamos, ainda, temas relacionados ao reconhecimento da cultura organizacional da escola, espaço para o reconhecimento dos documentos orientadores que são a base para a atuação na escola, mas, ao mesmo tempo, a abertura para a manifestação dos docentes iniciantes de como percebem a organização da escola e como pensam que podem contribuir para a qualificação do trabalho nela desenvolvido e, ainda, para as relações humanas ali existentes da perspectiva de trabalho colaborativo e de apoio mútuo.

Foram contemplados, também, temas atinentes a estudos acerca de documentos norteadores da prática docente e desenvolvimento do processo de ensino e aprendizagem, como Base Nacional Comum Curricular, Diretrizes Curriculares para a Educação Básica, formas de organização do planejamento anual, bimestral e semanal. Reverberaram também temas relativos à maneira de lidar com estudantes com deficiências ou dificuldades de aprendizagem, manejo de turma, indisciplina e inclusão, estratégias de acompanhamento da aprendizagem e avaliação, relação entre família e escola, entre outros.

As estratégias escolhidas foram as mais diversas: roda de conversa; estudo dirigido; leitura compartilhada; discussão motivada por textos, filmes, imagens, casos de ensino que emergiram de dilemas vividos na escola pelo grupo de professores; análise e reflexão sobre casos da escola e busca por solução e encaminhamentos feitos em duplas ou agrupamentos por série, segmento, turno; levantamento de temas de formação e necessidades formativas e socialização com uso de cartazes, *slides*, *post-its*; socialização de práticas pedagógicas pelos docentes e discussão; composição de grupos de trabalho para elaboração de planos e estratégias voltados ao atendimento às dificuldades de aprendizagem; grupos de trabalho para o apoio mútuo aos docentes iniciantes, considerando a existência de professores experientes e novatos – ideia de mentores; estabelecimento de horário para o diálogo contínuo entre coordenador e professor iniciante; uso de dinâmicas para inserção de temas de discussão; mapeamento dos desafios encontrados pelos professores no desenvolvimento de seu ofício ou de temas que desejam aprofundar para qualificar a ação docente e o apoio aos estudantes; entre outros.

Vale registrar que, nas propostas de pautas formativas, o momento dos *diálogos deleite* ganhou destaque, pois, da perspectiva da

Professores iniciantes e processos de indução | 113

sensibilização e do acolhimento, foram contempladas temáticas sensíveis, que retratavam a dimensão humana, estética, ética e até mesmo política da docência. Foram utilizados textos literários; estímulos visuais, como obras de arte, vídeos, fotografias; músicas; poesias; autobiografias; memórias; entre outras provocações que chamavam atenção pela sutileza e sensibilidade, convidando e valorizando o "ser" professor e a sua pessoa para fazerem parte daquele momento. As provocações tinham um tom de convite, fruição, sensibilização e envolvimento com o que estaria por vir, a exemplo das práticas realizadas pelo grupo de pesquisadoras no início de todos os encontros, que poderiam ou não estar relacionadas à temática central e que traziam em seu bojo a ideia de ampliação de repertório estético, ético, político e cultural, compreendido como essencial ao fazer docente.

Dos encontros de formação para a ressignificação das práticas formadoras e da função de coordenadoras e supervisoras pedagógicas

Ao longo do ano de 2022, nos encontros quinzenais realizados inicialmente no auditório da Secretaria de Educação e, posteriormente, no espaço do Departamento de Gestão Educacional, Teorias de Práticas de Ensino da Universidade Federal de Lavras, as coordenadoras e supervisoras pedagógicas puderam, aos poucos, desenvolver uma postura de estudo e investigação sobre o ofício e o trabalho que realizam, em uma relação de confiança e compartilhamento com as pesquisadoras, as quais, por meio do diálogo e da escuta ativa, foram aprimorando os modos de relacionamento e conduta no processo de investigação e de formação, no intuito de atender às demandas das participantes da pesquisa. Nesse processo, a reflexão contínua se fez presente, assim como a análise crítica das condições de desenvolvimento de pautas formativas. Muitos foram os avanços na forma de perceberem o trabalho que realizam e as possibilidades de aprimorá-lo e/ou fazê-lo de modo diferente.

Ao serem questionadas sobre a possibilidade de desenvolver as pautas formativas baseadas nas necessidades do grupo de professores e da escola, as coordenadoras e supervisoras relembram que, antes, essa era uma ideia que parecia impossível e, hoje, compreendem ser possível, mesmo que, de início, haja resistências por parte de alguns docentes. Alguns depoimentos evidenciam o pensamento das coordenadoras e supervisoras:

> Ah, sim! Antes, eu não achava, não, mas hoje vejo que é perfeitamente possível, mesmo que a gente tenha algumas resistências de início. Mas é preciso começar, [...] é uma mudança de cultura, mas agora todo mundo sabendo qual é o seu papel. [...] Mesmo que a gente comece pelo exemplo e vá contaminando, no bom sentido, aqueles que ainda não querem. A gente precisa acreditar que é possível e dar o exemplo (Coordenadora S).

> A definição de papéis é importante. Quando a gente coloca isso para todo o grupo, fica mais claro. Quando todos sabem mais sobre o seu papel e sobre a sua função, as coisas ficam melhores. Quando você tem definido isso e as pessoas também, tudo fica mais claro para todos. Isso tudo que a gente aprendeu aqui! [...] Eu vou iniciar o ano com essa proposta, já na reunião de planejamento, vou propor para cada um pensar na sua função, nas suas responsabilidades, acho que esse é o primeiro passo mesmo (Supervisora V).

A supervisora V complementa, destacando que as ações de formação e de acompanhamento devem ser contínuas, contando com o compartilhamento e o trabalho colaborativo de todos os envolvidos:

> Não pode ser um trabalho estanque, fez ali e pronto e acabou. É importante o acompanhamento de todo o processo, como a gente fez aqui nessas reuniões todas de formação, com levantamentos das demandas, das dificuldades, como solucionar isso, como resolver, compartilhando e buscando junto a solução. Então, seria mesmo um processo que caminharia o ano todo, eu acredito! (Supervisora V).

O papel de formadoras e de apoio pedagógico foi reconhecido também para além dos encontros de formação, destacado como uma postura necessária no dia a dia da escola, ressignificando as relações entre coordenador, docente e discente de uma perspectiva de colaboração e compartilhamento de responsabilidades:

É importante pensar no tempo e maturidade profissional que nós temos e identificar as nossas atribuições e a necessidade de contar com os outros para que as coisas aconteçam e todos sejam protagonistas. A partir dos nossos encontros, fui percebendo que é possível dar o protagonismo para o outro, seja ele professor ou aluno. É importante criar espaços para que as outras pessoas sejam protagonistas e isso é uma aprendizagem importante. Quando eu entendi que precisava e podia ser assim, as coisas começaram a ficar melhores... porque antes era eu, tinha que ser eu! (Supervisora J).

A coordenadora S também relata a relevância de a equipe gestora compreender o papel formador da coordenadora e apoiar as ações formativas que desenvolve, superando questões que porventura possam impedir o desenvolvimento das pautas.

Quando eu falo do exemplo, eu falo também de abertura da equipe gestora para que a gente desenvolva o trabalho que é nossa responsabilidade, como por exemplo o de formadora. Neste ano, eu tive muita dificuldade em realizar ações, em função da não compreensão, de a gestão não apoiar ou inviabilizar, seja por ciúmes, seja por insegurança, o nosso trabalho. Eu acredito nessa proposta de vocês, mas preciso que a gestão da escola também acredite, caso contrário, nada vai acontecer (Coordenadora S).

A coordenadora S apresenta uma questão dilemática importante: o apoio da equipe gestora nas ações das coordenadoras e supervisoras pedagógicas, evidenciando a ideia de coletivo e de mudança de cultura, necessária a todos os envolvidos no projeto pedagógico da escola, notadamente a direção, a fim de legitimar novos processos e ampliar as possibilidades de qualificação do trabalho pedagógico desenvolvido pela equipe.

A demanda apresentada ecoou em diferentes momentos dos encontros de formação, algumas vezes de forma mais discreta e outras de modo mais explícito, compreendida pela equipe de pesquisa como uma demanda e uma necessidade do grupo de participantes que merecia atenção e encaminhamento.

Assim, em diálogo com o grupo, ficou estabelecido que as ações desenvolvidas nos encontros de formação e as pautas formativas seriam socializadas com a equipe gestora das escolas, também em encontro/reunião de formação, contando com a presença das pesquisadoras e da equipe da Secretaria de Educação, que, por sua vez, também corrobora o encaminhamento, a fim de garantir a efetivação e o desenvolvimento das pautas formativas. Nas palavras da pesquisadora F:

> Como combinado e já pactuado com a Secretaria de Educação, teremos no início do ano um encontro com os gestores, diretores das escolas da rede, com o objetivo de socializar as aprendizagens deste grupo, as pautas formativas em prol da qualificação dos processos pedagógicos desenvolvidos nas escolas, como tudo aconteceu aqui nos encontros e, principalmente, para situá-los sobre a pertinência do trabalho colaborativo entre equipe de coordenação, supervisão e direção, do apoio mútuo necessário para que o processo de formação de professores na escola seja eficiente e resulte em qualidade de ensino e de aprendizagem. É relevante destacar o lugar que cada um ocupa nesse projeto de educação e de trabalho colaborativo, e estas são as palavras de ordem – colaboração e compartilhamento! Assumimos esse compromisso com vocês e assim faremos, seguiremos juntas (Pesquisadora F).

A situação descrita reforça o movimento de construção e reconstrução do processo de formação empreendido, na busca de solução para as situações dilemáticas que emergiram nos encontros. Dessa perspectiva, reafirma-se a relação de parceria e confiança entre pesquisadoras e participantes da pesquisa, em uma simbiose de construções e reconstruções de intenções, aprendizagens e conquistas, compartilhadas em um processo de formação contínua e mútua entre os envolvidos no processo formador. Eis aqui o lugar da pesquisa-formação!

Considerações finais

Processos de formação podem ser significativos, e essa é uma afirmação que podemos fazer considerando tudo o que foi realizado até o momento no projeto que envolveu as coordenadoras e supervisoras pedagógicas, visando à indução dos professores iniciantes do município de Lavras.

Enfatizamos que uma formação significativa é aquela que transforma, ou seja, que demonstra as novas formas de pensar e de agir dos sujeitos, fato ocorrido com as coordenadoras e supervisoras pedagógicas.

Destacamos o valor da pesquisa-formação, que tomou o diálogo como procedimento, por meio do qual os sujeitos foram se engajando no processo formativo, permitindo-lhes perceber as possibilidades da formação de professores centrada na escola, apoiada pelas pesquisadoras da universidade.

O processo formativo em questão está em movimento, chegando às escolas para apoiar os professores iniciantes, que poderão fortalecer sua prática para conseguir enfrentar os dilemas do cotidiano escolar, ao mesmo tempo em que fortalecem sua autonomia e seu desenvolvimento profissional.

Referências

ALARCÃO, I.; ROLDÃO, M. do C. Um passo importante no desenvolvimento profissional dos professores: o ano de indução. *Revista Brasileira de Pesquisa sobre Formação Docente*, Belo Horizonte, v. 6, n. 11, p. 109-126, ago./dez. 2014. Disponível em: http://formacaodocente.autenticaeditora.com.br. Acesso em: 10 jul. 2022.

ALMEIDA, M. M. *et al*. Atuar na indução de professores: que implicações para os diretores escolares portugueses?. *Revista Portuguesa de Educação*, Braga, v. 31, n. 2, dez. 2018. Disponível em: https://www.redalyc.org/journal/374/37457955010/html/. Acesso em: 10 jul. 2022.

AMBROSETTI, N. B. *et al.* Formadores escolares: perspectivas de atuação em processos de indução à docência. *Reveduc – Revista Eletrônica de Educação*, v. 14, p. 1-19, jan./dez. 2020. Disponível em: https://www.reveduc.ufscar.br/index.php/reveduc/article/view/4263/1109. Acesso em: 10 jul. 2022.

ANDRÉ, M. Formação de professores: a constituição de um campo de estudos. *Educação*, Porto Alegre, v. 33, n. 3, p. 174-181, set./dez., 2010. Disponível em: https://revistaseletronicas.pucrs.br/ojs/index.php/faced/article/view/8075. Acesso em: 10 jul. 2022.

ANDRÉ, M. Políticas e programas de professores iniciantes no Brasil. *Caderno de Pesquisa*, v. 42, n. 145, p. 112-129, jan./abr., 2012.

CANÁRIO, R. A prática profissional na formação de professores. *In*: CAMPOS, B. P. (org.). *Formação profissional de professores no ensino superior*. Porto: Porto, 2002. p. 31-45.

CANÁRIO, R. *Formação e desenvolvimento profissional dos professores*. 2012. Disponível em: https://crispasuper.files.wordpress.com/2012/06/formdesenvolprofisprofes.pdf. Acesso em: 25 jul. 2022.

CRUZ, G. B. da; FARIAS, I. M. S. de; HOBOLD, M. de S. Indução profissional e o início do trabalho docente: debates e necessidades. Dossiê: "Formação e inserção profissional de professores iniciantes: conceitos e práticas". *Revista Eletrônica de Educação*, v. 14, p. 1-15, jan./dez. 2020. Disponível em: https://www.reveduc.ufscar.br/index.php/reveduc/article/view/4263/1109. Acesso em: 10 jul. 2022.

FERREIRA, L. G. Desenvolvimento profissional docente: percursos teóricos, perspectivas e (des)continuidades. *Revista Educação em Perspectiva*, Viçosa-MG, v. 11, p. 1-18, 2020. Disponível em: https://periodicos.ufv.br/educacaoemperspectiva/article/view/9326/5812. Acesso em: 10 jul. 2022.

GABARDO, C. V.; HOBOLD, M. de S. Início da docência: investigando professores do ensino fundamental. *Formação Docente – Revista Brasileira de Pesquisa sobre Formação de Professores*, [s. l.], v. 3, n. 5, p. 85-97, 2018. Disponível em: https://revformacaodocente.com.br/index.php/rbpfp/article/view/48. Acesso em: 10 jul. 2022.

HOBOLD, M. Desenvolvimento profissional dos professores: aspectos conceituais e práticos. *Práxis Educativa*, n. 13, p. 425-442, 2018. Disponível em: https://www.researchgate.net/publication/325065740_Desenvolvimento_profissional_dos_professores_aspectos_conceituais_e_praticos. Acesso em: 12 jul. 2022.

LIMA, F. de P. M.; LAZARINI, K. C. T. Diálogos com supervisores e coordenadores pedagógicos: contribuições da pesquisa-formação ao desenvolvimento profissional. *In*: ALMEIDA, L. R. de; PLACCO, V. M. N. de S. (org.). *O coordenador pedagógico e seu desenvolvimento profissional na educação básica*. São Paulo: Loyola, 2022.

LONGAREZI, A. M.; SILVA, J. L. da S. Pesquisa-formação: um olhar para sua constituição conceitual e política. *Revista Contrapontos*, v. 13, n. 3, p. 214-225, set./dez., 2013.

MARCELO, C. *Formação de professores: para uma mudança educativa*. Porto: Porto, 1999.

MARCELO, C. Políticas de inserción a la docencia: del eslabón perdido al puente para el desarrollo profesional docente. *Taller Internacional: conversemos sobre educación*, Bogotá, 2006, p. 1-35.

MARCELO, C. Desenvolvimento profissional docente: passado e futuro. *Sísifo – Revista de Ciências da Educação*, Lisboa, n. 8, p. 7-22, jan./abr. 2009.

NÓVOA, A. Para uma formação de professores construída dentro da profissão. *In*: NÓVOA, A. *Professores: imagens do futuro presente*. Lisboa: Educa, 2009. p. 25-46.

PACHECO, J. A.; FLORES, M. A. *Formação e avaliação de professores*. Porto: Porto, 1999.

PLACCO, V. M. N. de S; SOUZA, V. L. T. Desafios ao coordenador pedagógico no trabalho coletivo da escola: intervenção ou prevenção?. *In*: ALMEIDA, L. R.; PLACCO, V. M. N. de S.; ALMEIDA, L. R. (org.). *O coordenador pedagógico e os desafios da educação*. 6. ed. São Paulo: Loyola, 2008. p. 25-30.

PRADA, L. E. A. P.; LONGAREZI, A. M. Pesquisa-formação de professores nas dissertações, teses: 1999-2008. *Revista Pedagógica – Unochapecó*, ano 16, v. 2, n. 29, p. 253-280, jul./dez. 2012.

PRÍNCEPE, L. M. *Condições de trabalho e desenvolvimento profissional de professores iniciantes em uma rede municipal de educação*. 2017. Tese (Doutorado em Educação: Psicologia da Educação) – Programa de Estudos Pós-Graduados em Educação: Psicologia da Educação, Pontifícia Universidade Católica de São Paulo, São Paulo, 2017.

SIGNORELLI, G. *Inserção profissional de egressos do PIBID: desafios e aprendizagens no início da docência*. 2016. Tese (Doutorado em Educação: Psicologia da Educação) – Programa de Estudos Pós-Graduados em Educação: Psicologia da Educação, Pontifícia Universidade Católica de São Paulo, São Paulo, 2016.

WONG, H. K. Programas de indução que mantêm os novos professores ensinando e melhorando. *Revista Eletrônica de Educação*, [s. l.], v. 14, p. 1-19, 2020. Disponível em: https://www.reveduc.ufscar.br/index.php/reveduc/article/view/4139. Acesso em: 15 jul. 2022.

5

DESENVOLVIMENTO PROFISSIONAL DE PROFESSORES INICIANTES E EXPERIENTES: INDÍCIOS DE PROCESSOS DE INDUÇÃO EM MATO GROSSO

Simone Albuquerque da Rocha
Rosana Maria Martins

Abrindo o diálogo

Este capítulo resulta de um estudo vinculado ao grupo de pesquisa InvestigAção, da Universidade Federal de Rondonópolis (UFR). Atualmente, o InvestigAção apresenta uma configuração em rede, na qual diferentes projetos se comunicam e têm interface voltada à investigação-ação-formação, com foco na formação de professores no que tange à formação inicial, com o estágio curricular supervisionado e o desenvolvimento profissional em diferentes contextos da docência. Como Lima *et al*. (2007, p. 141), compreendemos a formação de professores "como um *continuum*, ou seja, um processo de desenvolvimento para a vida toda. O início da carreira constitui, então, um dos momentos desse *continuum*, que, apesar de não determinar o restante da trajetória profissional, deixa nela marcas indeléveis".

Estudos sobre professores iniciantes e seus processos de inserção e indução profissional têm sido mais intensificados na última década, e a necessidade de delimitação dos campos entre uma e outra ação se mostra essencial para compreender o início da docência dos professores.

Em seu processo de inserção na carreira docente, definido como ingresso na atividade de ensinar e aprender a ensinar, muitas vezes, esse profissional age na privatização da prática docente, sem o reconhecimento de seus pares, e na invisibilidade, o que requer espaços de reconhecimento, acompanhamento, inserção, acolhimento, entre outras ações em uma comunidade profissional, ou seja, os professores iniciantes, pela pouca experiência em sala de aula, precisam de orientação de experientes (Marcelo, 2010).

Vale ressaltar que, em nosso país, é comum que os iniciantes atuem como substitutos eventuais ou por um curto período, sendo contratados para assumir a sala de aula esporadicamente.

As pesquisas do grupo InvestigAção apontam que os iniciantes necessitam de suporte no que concerne ao planejamento de aulas e às escolhas de recursos, na organização e gestão da sala de aula e na otimização do tempo da proposta didática, entre outras atividades. Dito isso, nossa defesa se centra no apoio à transição de estudante para docente, prevendo a indução à docência, já que, em muitas situações, esse caminhar se dá solitariamente (Vaillant; Marcelo, 2015).

Mira e Romanowski (2015, p. 94) analisaram a produção científica do IV Congresso Internacional sobre Professorado Principiante e Inserção Profissional à Docência (Congreprinci), realizado no início de 2014, em Curitiba, e concluíram que existem diferentes formas de organização nos programas analisados, evidenciando que necessitam se basear nas necessidades formativas dos professores iniciantes e abarcar "questões específicas relacionadas ao contexto em que se inserem, como as características de cada rede de ensino, a quantidade de profissionais envolvidos, a etapa de ensino e/ou as áreas de atuação profissional dos iniciantes, entre outros". As autoras evidenciam que os programas precisam contemplar a necessidade de formação da equipe responsável. Cruz, Farias e Hobold (2020, p. 13) afirmam que a indução e o acompanhamento orientado do professor em situação de inserção profissional devem ter por base "um projeto colaborativo de assistência, apoio e mentoria, que se traduz em estar junto e fazer-se presença durante o caminho por meio da escuta, das trocas, das narrativas e suas análises".

Programas e políticas de indução são diferenciados em cada sistema em que há proposta, caracterizando-se como um *continuum*, um processo abrangente que desenvolve formação sistemática durante determinado período de tempo, de dois ou mais anos (Wong, 2004).

Os novos professores, que se veem frustrados em suas investidas na prática docente, desejam ter sucesso, conforme afirmam Marcelo, Marcelo-Martínez e Jáspez (2021). Querem, pois, sair da invisibilidade, querem contribuir e fazer a diferença. Portanto, precisam de acompanhamento, e isso requer que sejam orientados por um professor experiente (mentor), a fim de que as interações entre eles se deem em uma comunidade de aprendizagem, intercambiada por relações e diálogos entre pares.

A investigação que ora apresentamos está vinculada à pesquisa "Processos de indução a professores iniciantes nas escolas públicas de educação básica: o que cabe à escola e à Secretaria Municipal de Educação?". É a Pontifícia Universidade Católica de São Paulo (PUC-SP) que congrega 14 instituições nas investigações. Trata-se de uma pesquisa em andamento que objetiva estudar como o projeto do Observatório de Educação (Obeduc)/Universidade Federal de Mato Grosso (UFMT) – desenvolvido no InvestigAção/UFMT de 2013 a 2017 e tendo continuidade até os dias atuais com a nomenclatura Formação de Educadores (FormEduc) – e seus desdobramentos trabalhou a proposta de formação dos professores iniciantes e se, ao contemplá-la, revelou procedimentos de indução. Busca-se responder aos seguintes questionamentos: há políticas e projetos de indução para professores iniciantes em Mato Grosso? O projeto desenvolvido oficialmente pelo Obeduc/FormEduc 2013/2022 aponta indícios de indução?

A trajetória da formação de iniciantes e experientes com o Obeduc/PPGEdu/UFMT em Mato Grosso: Acompanhamento e indícios de indução?

O marco da formação do professor iniciante, no grupo de pesquisa InvestigAção/UFMT/UFR, criado há 18 anos, teve seu início entre os projetos aprovados pelo Obeduc, por meio do Decreto n. 24.232, de fevereiro de 2013, com o projeto "Egressos da licenciatura em pedagogia e os desafios da prática em narrativas: a universidade e a escola em um processo interdisciplinar de inclusão do professor iniciante", do Programa de Pós-Graduação em Educação da UFMT/CUR. Objetivava-se uma proposta de formação continuada aos iniciantes nas escolas públicas municipais, preferencialmente aos egressos da pedagogia da UFMT, baseada em suas necessidades formativas. Conforme o perfil dos projetos do Obeduc, também contemplava a inserção na formação de um professor da escola básica, de mestrandos (já que o programa só tem o mestrado) e de graduandos da pedagogia. O projeto se inicia com o estabelecimento de relações de colaboração com as escolas, buscando, também, a participação da Secretaria Municipal de Educação (Semed) de Rondonópolis, em Mato Grosso, para a adesão ao projeto, o que aconteceu prazerosamente. Registre-se que, em 2017, findo o projeto Obeduc, as atividades continuaram sob o nome de FormEduc.

O grupo de pesquisa InvestigAção/UFMT/UFR constitui-se de duas professoras, que atuam como coordenadora e vice-coordenadora, autoras deste capítulo, além de professores da rede básica, mestrandos e ex-alunos que compõem o grupo de pesquisa e trabalham como docentes em outras instituições. O InvestigAção mantém internacionalização com a Universidade do Minho, especificamente com a professora doutora Teresa Sarmento, no que tange às pesquisas sobre formação de professores e narrativas docentes, o que propicia um olhar mais alongado e detalhado sobre seus encaminhamentos e produções. Há práticas, então, sendo desenvolvidas em grupos de pesquisa colaborativos. Ibiapina (2008, p. 31) afirma que o processo de aprendizagem construído de "modo colaborativo oferece potencial ajuda para o pensamento teórico e prático, assim como fortalece o ensino, abre formas para o desenvolvimento profissional e pessoal para os pesquisadores e para os professores".

O professor da escola básica, denominado no projeto de professor experiente, era indicado pela escola para acompanhar o iniciante. Os contatos se deram, inicialmente, com seis escolas, conjunto que abarcava as de maior número de iniciantes no corpo docente. Assim, haveria seis bolsas propostas para os profissionais das escolas, bem como seis graduandos e seis mestrandos.

Após o levantamento, principiou-se a formação, tendo como pressuposto que os iniciantes seriam o ponto dominante das discussões e, para tanto, ouvi-los seria primordial no tocante às suas necessidades formativas. Sousa *et al.* (2020) alertam para os dois modelos de análise de necessidades: um que parte do formador (sujeito que legitima a formação) e outro que parte do formando (sujeito que recebe a formação). É com foco na segunda vertente que se assenta a proposta de formação do Obeduc/FormEduc. Situa-se na pesquisa, como professor iniciante, o proposto por Tardif (2002, p. 82): "As bases dos saberes profissionais parecem construir-se no início da carreira, entre os três e cinco primeiros anos de trabalho". Assim pensando, o projeto e o programa de formação desenvolvem suas atividades na forma de grupos colaborativos, envolvendo as escolas e seus professores, os mestrandos com suas pesquisas e os graduandos da pedagogia e seus trabalhos de conclusão de curso. Desse modo, formação e pesquisa se voltam para a temática do professor iniciante. Da perspectiva de Imbernón (2002), a formação continuada desenvolvida no Obeduc se deu num processo de reflexão e na busca de desenvolvimento e mudança. Além disso, esse autor nos remete a um trabalho colaborativo, como aquele em que estão envolvidos os gestores, professores e profissionais da educação. O processo participativo e colaborativo se fazia presente e vivencial nas reuniões, pois havia uma comunidade aprendente.

A metodologia da pesquisa

No intuito de investigar qual o cenário da pesquisa com professores iniciantes e possíveis processos de indução, abordamos, inicialmente, a região Centro-Oeste.

A pesquisa foi desenvolvida na abordagem qualitativa de cunho exploratório. Para investigar se as secretarias estaduais e municipais identificavam programas de indução em suas redes, foram enviados questionários *online* e tabulados os resultados. Houve a leitura de 20 resumos das dissertações desenvolvidas ao longo do projeto Obeduc e seus desdobramentos em FormEduc, sendo selecionadas dez, por serem as que mais se vinculavam ao objeto de pesquisa.

Destacaram-se as que tratavam de professores iniciantes e professores experientes e de seu desenvolvimento profissional, as que abordavam inserção, indução e necessidades formativas e as que tinham, em seu *corpus*, o envolvimento da escola, do coordenador como professor experiente e da rede de ensino para, então, poder investir em percepções sobre a existência de indícios de indução em seu desenvolvimento.

Entrevistaram-se, também, os dois gestores do projeto e o coordenador de formação da Semed, a fim de levantar suas percepções acerca do desenvolvimento do projeto, questionando-os sobre o desenvolvimento profissional dos iniciantes e experientes e se, na época de sua construção, tinha-se a indução em mente para fomentar as práticas de formação e desenvolvimento profissional de iniciantes e experientes. Adotaram-se como pressuposto de análise as orientações de Roldão, Reis e Costa (2012), Marcelo e Vaillant (2017), Wong (2004, 2020) e Marcelo, Marcelo-Martínez e Jáspez (2021).

Sobre a indução

Marcelo (1992) afirma que, "no período de indução, realiza-se a transição de estudantes para professores". Para o autor, os programas de indução à docência pretendem reduzir os impactos do denominado choque de realidade. Para Roldão, Reis e Costa (2012, p. 444), a indução é "como uma transição entre a preparação e a prática, ou seja, como um processo de socialização dos professores recém-chegados numa comunidade escolar" e seus desdobramentos formativos.

Ainda tratando de indução, Marcelo e Vaillant (2017) apontam que as principais características de programas de indução baseados nos estudos de Ingersoll e Smith (2003) compreendem basicamente três tipos:

- básico com apoio de um mentor da mesma disciplina, sendo acompanhado por diretores ou coordenadores;
- básico com colaboração de um mentor da mesma disciplina, sendo acompanhado por diretores ou coordenadores e envolvendo planejamento junto com outros colegas e participação em seminários com outros professores iniciantes;
- básico com colaboração em rede, tendo a presença dos componentes mencionados nos programas anteriores e a participação em uma rede externa de professores.

Nesses três tipos de programas de indução à docência, o professor iniciante conta com o apoio e a orientação de outra pessoa, seja um professor mentor, um professor experiente, um coordenador pedagógico, seja uma rede externa de professores.

Apoiados em Wong (2004), os referidos autores apresentam as características dos programas de indução (Quadro 1).

Quadro 1 – Características de programas de indução eficientes

Metas claramente articuladas	Reuniões regulares e sistematizadas entre professores iniciantes e seus mentores
Recursos financeiros	Tempo para que os docentes iniciantes observem aqueles mais experientes
Apoio da gestão escolar	Constante interação entre docentes iniciantes e experientes
Mentores experientes/ professores experientes	Cursos para os docentes iniciantes antes e ao longo do(s) ano(s)
Formação de professores mentores/experientes	Orientação que inclui estudos sobre temas de interesse
Redução de carga horária para docentes iniciantes e mentores/experientes	Programa estruturado para um ou dois anos

Fonte: Marcelo e Vaillant (2012, p. 1229), com base em Wong (2004).

Wong (2020, p. 3) afirma que "a indução é um processo abrangente, consistente e detalhado de desenvolvimento profissional – que é organizado por um distrito escolar para formar, apoiar e reter novos professores e fazê-los progredir num programa de aprendizagem ao longo da vida". O processo de indução requer formação continuada, acompanhamento e atendimento ao iniciante por mais de dois anos. Necessita, ainda, que sejam envolvidos entidades, gestão de ensino, município ou um distrito, com vistas a acompanhar, subsidiar os professores para que melhorem suas práticas e desenvolvam-se profissionalmente.

No Obeduc/FormEduc, a formação continuada se deu no atendimento às necessidades formativas dos professores iniciantes e experientes (mentores), graças a uma interlocução colaborativa entre a universidade, a comunidade escolar e a sociedade, contando com profissionais da saúde, do meio ambiente, profissionais liberais e entidades.

O acompanhamento dedicado ao iniciante por um experiente era indicado pelos pares na escola, recaindo, geralmente, sobre um professor com mais tempo e sucesso na docência, conforme observado nas avaliações dos alunos e nas suas práticas. Uma vez indicado o experiente, iniciou-se o atendimento, abortado logo no primeiro semestre, pelo impedimento desse profissional em atender às necessidades emergenciais do iniciante, já que estas se davam concomitantemente às atividades docentes do experiente em ação.

Tal fato requereu que a escolha recaísse sobre o coordenador pedagógico, que teria o tempo mais livre para se dedicar ao iniciante. Porém, eis que esse profissional, após seis meses de atividade, solicitou à gestão do projeto formação específica para tal tipo de acompanhamento, totalmente diferente da atividade que ele desenvolvia com os demais docentes. Os mentores/professores experientes em formação compreendiam melhor seu papel de acompanhamento dos iniciantes, e estes, por sua vez, viam-se fortalecidos com a ancoragem do coordenador às suas práticas.

De outro lado, nesse movimento de formação do iniciante com intenso envolvimento dos coordenadores pedagógicos, a Semed se viu provocada a participar da formação junto com o projeto e passou a atuar com o grupo nas reuniões, ora participando, ora liderando; enfim, tornou-se pertencente à proposta, de tal forma que decidiu criar um projeto como política de formação da Semed em 2015. Desde então, mantém essa política com a colaboração da coordenação da UFMT.

Decorre daí a reflexão de que um projeto desenvolvido em proposta colaborativa universidade-escola e redes de ensino em comunidades aprendentes é passível de estimular política pública de formação/indução de iniciantes em um município.

A formação se desenvolvia ora na UFMT, ora nas escolas, porque foi necessário acompanhar os estudos e a formação na própria escola, a pedido dos professores. Diante dessa reivindicação, a formação do Obeduc/FormEduc ficou itinerante. Cruz, Farias e Hobold (2020, p. 11) afirmam que a indução pode envolver diferentes ações, com destaque para "grupos de estudos, em que os novos professores possam se relacionar e construir um trabalho colaborativo, com o apoio da equipe diretiva da escola". Na itinerância, a formação circula nas e com as escolas.

Observando o desenvolvimento do Obeduc/FormEduc e centrando estudos em Wong (2020), foi possível perceber os indicativos, ainda que iniciais, da indução, quais sejam: (i) a formação é organizada de maneira a atender às necessidades e aos interesses do grupo pertencente; (ii) a mentoria (os experientes) deve ter um programa de formação/ indução; (iii) ações diferenciadas devem ser adotadas no atendimento às especificidades dos professores e de seus ambientes de atuação (Wong, 2020, p. 4).

Pelo exposto, foi possível associar ações do Obeduc/FormEduc ao proposto por Wong no que tange à formação centrada nas necessidades formativas, na oferta da formação específica aos experientes e no atendimento às especificidades das escolas e de seus iniciantes em uma formação itinerante. Soma-se a isso uma produção científica em nível de mestrado com dissertações resultantes das investigações sobre o desenvolvimento do Obeduc/FormEduc, as quais seguem descritas no Quadro 2. As pesquisas consistem em análise dos limites e avanços do projeto diante do objetivo proposto, assim como permitem, também, verificar se há formação/indução no desenvolvimento do Obeduc/ FormEduc.

Dados do relatório *Teachers and school leaders as lifelong learners*, da OCDE (2019), evidenciam que a análise retrospectiva de um programa, após o período de seu desenvolvimento, possibilita compreender como os seus participantes percebem e avaliam seu desenvolvimento profissional. Nesse sentido, pesquisas investidas em alguns aspectos da formação do Obeduc/FormEduc, evidenciadas como indução, oportunizam resultados interessantes sobre o vivenciado em Rondonópolis.

De acordo com o levantamento da pesquisadora Carvalho (2020), as publicações do grupo InvestigAção sobre formação de professor iniciante no recorte temporal de 2008-2018 são as mais expressivas no contexto do estado de Mato Grosso.

Quadro 2 – Dissertações e teses sobre o tema professor iniciante e sua formação, divididas pelas instituições de ensino superior de Mato Grosso

Estado	Instituição de ensino superior	Modalidade	Produção	
			Ms.	Dr.
Mato Grosso	Universidade do Estado de Mato Grosso (Unemat)	Mestrado acadêmico	-	-
	Universidade Federal de Mato Grosso (UFMT) – *campus* de Rondonópolis (hoje, UFR)	Mestrado acadêmico	15	-
	Universidade Federal de Mato Grosso (UFMT) – *campus* de Cuiabá	Mestrado e doutorado acadêmico	4	-

Fonte: Adaptado e atualizado pelas pesquisadoras com base no quadro original (Carvalho, 2020, p. 36) e reorganizado por Martins e Rocha (2020).

Ao analisar a situação das iniciativas de formação docente em Rondonópolis, é preciso ressaltar que os caminhos estão imbricados com os do grupo de pesquisa InvestigAção, muitos originários do projeto Obeduc iniciado em 2013 e, hoje, como mencionado anteriormente, intitulado FormEduc/UFR, sob a coordenação da professora doutora Simone Albuquerque da Rocha e a vice-coordenação da professora doutora Rosana Maria Martins, que vêm, ao longo dos anos, de maneira aguerrida, lutando para melhorar a formação docente continuada, destacando a importância da formação para o professor iniciante, pautada no trabalho colaborativo de universidade e escola.

Esses dados apontam a importância do projeto Obeduc/FormEduc, especialmente quando temos como foco o professor iniciante e sua formação. Com tais dados, podemos compreender como essa proposta vai se fortalecendo e ganhando relevância, isso porque foi por meio desse projeto que a Semed convidou a coordenadora para colaborar no projeto de formação de professores iniciantes que seria implantado em 2017, com 30 horas de duração, intitulado "Diálogo a partir das práticas e dos saberes docentes", para professores iniciantes e coordenadores dos anos iniciais. O mesmo se dá com a política de formação ao iniciante da Secretaria Estadual de Educação, que começou a ser elaborada em 2019.

Na região Centro-Oeste, algumas iniciativas de formação com professores iniciantes já são evidenciadas, o que tem gerado pesquisas ainda tímidas, mas que já mostram resultados.

Quadro 3 – Dissertações e teses sobre o tema professor iniciante e sua formação, divididas pelas instituições de ensino superior da região Centro-Oeste (2008/2022)

Instituição de ensino superior	Produção
Fundação Universidade Federal de Mato Grosso do Sul (UFMS)	3
Universidade Católica de Brasília (UCB)	1
Universidade Católica Dom Bosco (UCDB)	9
Universidade de Brasília (UnB)	9
Universidade Estadual de Mato Grosso do Sul (Uems)	8
Universidade Federal de Rondonópolis (UFR)	15
Universidade Federal de Rondonópolis (UFMT)	4
Total	45

Fonte: Carvalho (2020), apresentando oito pesquisas até 2018, baseando-se no banco de dados da Capes, atualizado por Rocha e Martins para este texto.

Ao analisar o quadro de Carvalho (2020) e a inclusão das pesquisas defendidas até 2022 por Martins e Rocha (2020), podem-se constatar 15 pesquisas da UFMT, provenientes do Programa de Pós-Graduação em Educação (PPGEdu) de Rondonópolis (atualmente, UFR).

Martins (2015, p. 45-46), em sua tese de doutorado, ao discorrer sobre a passagem de aluno a professor, enfatiza ser esse momento marcado por descobertas, choque com a realidade, angústias, anseios; é uma fase que agrega "o processo de ensinar e aprender a ensinar e, assim, tornar-se professor". Segundo Martins e Rocha (2020, p. 260):

Observa-se, no resultado das produções no quadro acima, que as atividades do grupo InvestigAção tomam a frente das pesquisas na linha formação de professores no PPGEdu/UFMT. No total, em oito anos do projeto InvestigAção, pode-se avaliar que, em se tratando de um programa de Pós-Graduação do interior de um estado na região Centro-Oeste, e a distância deste para a sede dos eventos, geralmente na região Sudeste do país, além da dificuldade de produção de artigos com os alunos, atingiu-se, nesse período, mais de dez artigos bem qualificados, mais de 20 capítulos de livros, seis organizações de coletâneas com resultados de pesquisas e colaboradores e mais de 100 participações em eventos, resultantes das pesquisas.

Foi possível perceber a forte influência do grupo no que tange ao campo da pesquisa e produção do conhecimento no estado de Mato Grosso, fortalecendo, assim, o processo colaborativo entre pesquisadores, universidade e escola na busca de compreender e auxiliar os professores iniciantes e experientes, desde a inserção na docência, em suas práticas educativas.

Quadro 4 – Produções sobre professor iniciante e sua formação do PPGEdu da UFMT/CUR (2013-2022) – Dissertações

Ano	Título	Autor(a)
2014	Práticas formativas em Mato Grosso sob o olhar de professores iniciantes	Mendes Solange Lemes da Silva
2015	Professores iniciantes e professores experientes: articulações possíveis para a formação e inserção na docência	Rozilene de Morais Sousa
2016	O desenvolvimento profissional dos professores iniciantes egressos do curso de licenciatura em pedagogia: um estudo de caso	Márcia Socorro dos Santos França
2016	Os professores iniciantes e o uso das mídias digitais nas práticas educativas	Liziani Mello Wesz

continua...

Ano	Título	Autor(a)
2017	*O professor iniciante da escola do campo e sua formação: por entre espelhos*	Oldair José Tavares Pereira
2017	*Narrativas dialogadas nos diários de campo reflexivos de professoras iniciantes: possibilidades de autoformação*	Márcia Roza Lorenzzon
2018	*Professoras iniciantes e as práticas da língua inglesa no cotidiano da profissão: necessidades e formação*	Fernanda Cardoso de Melo
2018	*Professores iniciantes egressos do curso de pedagogia e o abandono da carreira docente no município de Rondonópolis/MT*	Adriane Pereira da Silva
2019	*A formação do professor experiente no projeto Obeduc e os reflexos em suas práticas a partir das percepções dos professores iniciantes*	Elisabete Gaspar de Oliveira
2019	*A formação itinerante: experiências e percepções de professores iniciantes do Obeduc/UFMT*	Dulcinete Rodrigues dos Santos A. de Souza.
2019	*Professoras alfabetizadoras bem-sucedidas: narrativas autobiográficas do desenvolvimento profissional docente*	Marly Souza Brito Farias
2020	*Professores iniciantes no exercício da coordenação pedagógica em Mato Grosso: desafios da profissão*	Andreia Cristiane de Oliveira
2020	*A formação de professores para as práticas de língua inglesa: uma proposta itinerante*	Antônio Marcos da Cruz Lima
2020	*Inserção e indução à docência no Mato Grosso: percepções de professores iniciantes em narrativas*	Adriana dos Reis Clemente
2020	*Comunidade de prática: narrativas sobre o desenvolvimento profissional do professor iniciante dos anos iniciais na área de matemática*	Andréia Cristina Santiago Carvalho

continua...

Ano	Título	Autor(a)
2021	*Professores de língua inglesa ingressantes na carreira docente, em Mato Grosso: o ateliê biográfico de projetos e seus desdobramentos*	Juliana Maria Pio
2021	*Coordenadores iniciantes e experientes e as práticas de acolhimento, acompanhamento e indução: eu, eles e o espelho*	Jessica Lorrayne Ananias da Silva
2021	*Narrativas reflexivo-formativas de professoras iniciantes no exercício da coordenação pedagógica*	Júlia Alessandra Machado de Castro
2022	*Professoras iniciantes e os efeitos da pandemia em suas práticas em Mato Grosso*	Jucelma Lima Pereira Fernandes
2022	*A surdez da gestão pública estadual para o adoecimento de professores iniciantes no exercício da docência em Mato Grosso*	Ester Landvoigt da Silveira

Fonte: Organizado por Carvalho (2020), com base no banco de dados da Capes, atualizado por Rocha e Martins para este texto.

Os pesquisadores que se dedicam à temática do professor iniciante vêm demonstrando, ao longo do tempo, a necessidade de uma formação continuada que sirva de suporte para que o professor enfrente com maior estabilidade os primeiros entraves da carreira.

Assim, após a busca sobre os programas de indução ou o acompanhamento do professor iniciante, ressaltam-se os pontos principais nos quais o estudo revelou que as aprendizagens adquiridas com os programas de acompanhamento resultaram em mudanças na condução didático-pedagógica e em atitudes e posturas dos professores participantes. Essas mudanças ocorrem na qualidade da prática pedagógica, bem como na socialização de experiências com os pares e na reflexão crítica sobre a prática e na prática. Dessa forma, os programas ou iniciativas de acompanhamento do professor iniciante demonstraram que contribuem para diminuir a angústia, a insegurança e as dificuldades da profissão.

Fica evidenciado que esse campo de pesquisa precisa ser problematizado, já que os dados deste estudo – apoiado em um projeto maior da PUC-SP, conforme descrito no início deste capítulo, e que foi coordenado pela professora Marli André (*in memoriam*), função atualmente exercida pela professora Laurizete Ferragut Passos – apontam que é preciso investir no acolhimento, na inserção e, especialmente, na indução à docência, em que se considere o contexto de formação com os pares, num processo colaborativo, seja na escola, seja na rede de ensino, seja em projetos que tenham a característica formativa e considerem as necessidades formativas partilhadas. Para André (2012, p. 16):

> As políticas de apoio aos professores iniciantes, observadas em poucos municípios brasileiros, merecem toda a atenção dos órgãos públicos responsáveis pela gestão da educação, porque podem ser reproduzidas e adaptadas a outros contextos, vindo a contribuir para diminuir as taxas de abandono e para manter os bons professores na profissão.

Corroborando, foi possível levantar que, até o momento, as propostas de indução são provenientes de projetos que agregam universidades, secretarias e redes de educação, demonstrando haver poucas políticas públicas que preveem programas brasileiros sobre indução à docência.

Ainda sem concluir

Infere-se que o desenvolvimento do projeto Obeduc/FormEduc, iniciado em 2013, mantém-se em ação até os dias atuais, ao passo que a proposta de formação contínua de professores iniciantes, mestrandos e egressos acontece em encontros *online*, fator que diminuiu a frequência dos participantes. A formação contou com colaboradores e o envolvimento da gestão do PPGEdu/UFMT, hoje UFR, da Semed e das escolas, resultando em uma política municipal de formação para o iniciante.

As análises das pesquisas desenvolvidas mostram indícios de indução, os quais devem ser mais destacados, subsidiados e estudados com base em referencial teórico, e os resultados devem provocar uma discussão, conscientizando, então, a gestão do projeto, do programa e da Semed sobre as evidências levantadas. O processo de continuidade da proposta requer formação da equipe gestora e dos experientes, de maneira a agirem com mais convicção e compreensão do seu papel em relação ao iniciante. Em uma investigação enviada por instrumento *online* às secretarias de educação, evidenciou-se que Mato Grosso não tem programas de indução. Há um projeto contínuo de formação, incluído como política de formação de iniciantes da Semed desde 2015. Quanto ao Obeduc/FormEduc, com base em estudos e investigações ainda em andamento, percebe-se que há indícios de indução na forma como desencadeia sua formação para professores iniciantes e experientes. Cabe, como procedimento de pesquisa ainda inconclusa, reunir-se com os envolvidos para discutir os encaminhamentos da formação da perspectiva da indução, fortalecida pelas ações conjuntas de maneira tripartite: universidade, escola e rede de ensino.

Fica evidente que, quando se pensa no início da carreira docente, há um vasto caminho a percorrer, a fim de colaborar para o processo de vir a ser professor, já que, temporalmente, o iniciante está na transição de graduando a professor. Assim, permite-se que sejam agregados novos olhares e novos elementos para pensar o próprio desenvolvimento profissional, isto é, os caminhos para a formação continuada.

Referências

ANDRÉ, M. Políticas e programas de professores iniciantes no Brasil. *Caderno de Pesquisa*, v. 42, n. 145, p. 112-129, jan./abr., 2012.

CARVALHO, N. A. *As narrativas como mediadoras de reflexões sobre o início da docência*. 2020. Dissertação (Mestrado em Educação) – Universidade Federal de Jataí, Jataí, 2020.

CRUZ, G. B. da; FARIAS, I. S.; HOBOLD, M. Indução profissional e o início do trabalho docente: debates e necessidades. *Revista Eletrônica de Educação*, v. 14, p. 1-22, 2020. Disponível em: http://www.reveduc.ufscar.br/index.php/reveduc/article/view/4149. Acesso em: 23 abr. 2021.

IBIAPINA, I. M. L. M. *Pesquisa colaborativa: investigação, formação e produção de conhecimentos*. Brasília: Líber Livro, 2008.

IMBERNÓN, F. *Formarse para el cambio y la incertidumbre*. São Paulo: Cortez, 2002.

INGERSOLL, V.; SMITH, T. The wrong solution to the teacher shortage. *Educational Leadership*, v. 60, n. 8, p. 30-33, 2003.

LIMA, E. de F. *et al*. Sobrevivendo ao início da carreira docente e permanecendo nela. Como? Por quê? O que dizem alguns estudos. *Educação & Linguagem*, ano 10, n. 15, p. 138-160, jan./jun. 2007.

MARCELO, C. A formação de professores: centro de atenção e pedra-de-toque. *In*: NÓVOA, A. (org.). *Os professores e a sua formação*. Lisboa: Don Quixote/IIE, 1992.

MARCELO, C. O professor iniciante, a prática pedagógica e o sentido da experiência. *Revista Brasileira de Pesquisa sobre a Formação Docente*, Belo Horizonte, v. 2, n. 3, p. 11-49, ago./dez. 2010. Disponível em: http://formacaodocente.autenticaeditora. com.br. Acesso em: 9 fev. 2021.

MARCELO, C.; MARCELO-MARTÍNEZ, P.; JÁSPEZ, J. F. Cinco años después. Análisis retrospectivo de experiencias de inducción de profesores principiantes. *Profesorado – Revista de Currículum y Formación del Profesorado*, v. 25, n. 2, p. 99-121, 2021.

MARCELO, C.; VAILLANT, D. Políticas y programas de inducción en la docencia en Latinoamérica. *Cadernos de Pesquisa*, São Paulo, v. 47, n. 166, p. 1224-1249, out./dez. 2017.

MARTINS, R. M. *Estudando e ensinando, aprende-se e ensina-se: as narrativas de si no processo de vir a ser professora*. 2015. Tese (Doutorado em Educação) – Universidade Federal de São Carlos, São Carlos, 2015.

MARTINS, R. M.; ROCHA, S. A. da. Narrativa autobiográfica em movimentos de ensino e pesquisa na formação de professores. *In*: SILVA, F. de C. T.; ANJOS, J. J.

T. (orgs.). *Escrita da pesquisa em educação na região Centro-Oeste*, v. 4. Campo Grande: Oeste, 2020. p. 245-263.

MIRA, M. M.; ROMANOWSKI, J. P. Programas de inserção profissional para professores iniciantes: revisão sistemática. *Revista Brasileira de Pesquisa sobre Formação de Professores-Formação Docente*, Belo Horizonte, v. 7, n. 13, p. 85-98, ago./dez. 2015.

ORGANIZAÇÃO PARA COOPERAÇÃO E DESENVOLVIMENTO ECONÔMICO-OCDE. *Results (Volume I): Teachers and school leaders as lifelong learners (TALIS, 2018)*. Paris: OECD, 2019.

ROLDÃO, M. do C.; REIS, P.; COSTA, N. Da incoerência burocrática à eficácia de um dispositivo de supervisão/formação: estudo do desenvolvimento profissional numa situação de indução. *Ensaio: Aval. Pol. Públ. Educ.*, Rio de Janeiro, v. 20, n. 76, p. 435-458, jul./set. 2012.

SOUSA, S. N. *et al.* Necessidades formativas de professores iniciantes na educação básica: concepções e revisão de literatura. Dossiê "Formação e inserção profissional de professores iniciantes: conceitos e práticas". *Revista Eletrônica de Educação*, v. 14, p. 1-20, jan./dez. 2020.

TARDIF, M. *Saberes docentes e formação profissional*. Petrópolis: Vozes, 2002.

VAILLANT, D. Políticas de inserción a la docencia en America Latina: la deuda pendiente. Profesorado. *Revista de Curriculum y Formación del Profesorado*, Sevilha, v. 13, n. 1, p. 27-41, 2009.

VAILLANT, D.; MARCELO, C. *Ensinando a ensinar: as quatro etapas de uma aprendizagem*. Curitiba: Ed. UTFPR, 2012.

VAILLANT, D.; MARCELO, C. *El ABC y D de la formación docente*. Madrid: Narcea, 2015.

WONG, H. K. Induction programs that keep new teachers teaching and improving. *NASSP Bulletin*, v. 88, n. 638, p. 41-58, mar. 2004.

WONG, H. K. Programas de indução que mantêm os novos professores ensinando e melhorando. *Revista Eletrônica de Educação*, [s. l.], v. 14, p. 1-19, 2020. Disponível em: https://www.reveduc.ufscar.br/index.php/reveduc/article/view/4139. Acesso em: 22 abr. 2021.

6
COMUNIDADE DE APRENDIZAGEM DOCENTE: O ENTRELUGAR EM FACE DAS DIFERENTES CONCEPÇÕES DE INDUÇÃO PROFISSIONAL

Fernanda Lahtermaher
Giseli Barreto da Cruz

Introdução

A inserção é um período que faz parte do processo de desenvolvimento profissional e, ainda que exista divergência sobre a duração de tal momento, é essa etapa que define características importantes da entrada na carreira. Já a indução é um acompanhamento intencional, com supervisão, no início da profissão, que ocorre de maneira formal, por meio de projetos ou políticas instituídas. Convém distinguir os conceitos de indução e de período probatório, que, embora implementados como sinônimos em muitos casos, remetem a lógicas diferentes. O primeiro se refere a uma dimensão de desenvolvimento, ao passo que o segundo se reporta a uma dimensão de avaliação e controle.

A indução ocorre durante o período de inserção, que se traduz na transição da formação inicial para a entrada na profissão, em um processo de socialização e acompanhamento por meio do contato com a comunidade e a cultura escolares. No contexto internacional, há relevante incentivo a uma indução baseada em mentoria (Marcelo; Vaillant, 2017), aumentando os programas de formação para professores experientes que desejam atuar como mentores. Nesses lugares, há condições estruturais específicas para que a mentoria se desenvolva, como redução de horas em sala de aula, mudança de cargo ou função, gratificação salarial e mesmo programas de formação bastante estruturados. No contexto brasileiro, a ideia de mentoria ainda é bastante espontânea e individual, cabendo aos professores iniciantes pedir algum tipo de suporte àqueles com quem têm afinidade ou depender da colaboração de experientes que desejem apoiá-los.

Os programas de indução existentes foram pensados para solucionar as dificuldades do início da carreira e o abandono da função pelos professores. Podem ter caráter mais ou menos formal, mas devem assegurar o direito de todos os professores de ter acesso à posição de docente com segurança, de maneira institucionalizada, com as condições necessárias para ensinar e se desenvolver profissionalmente.

Para Marcelo e Vaillant (2017), os programas de indução profissional aparecem como uma resposta institucional à necessidade de oferecer aos professores iniciantes um ambiente favorável para seu crescimento e desenvolvimento. Segundo os autores, é possível definir esses programas como um processo sistemático em um clima escolar saudável que auxilie as necessidades pessoais e profissionais dos novos professores, sejam elas psicológicas, de autoestima, autonomia etc. Afinal, essas necessidades estão relacionadas com as dimensões do trabalho docente, com as reflexões e relações sobre como são recebidos pela comunidade escolar.

A proposta de uma indução profissional consiste no auxílio aos professores iniciantes em sua imersão na realidade escolar de maneira mais adequada, e as experiências que mais têm prevalecido são as de mentoria. Se, antes, esse movimento era considerado algo despretensioso, atualmente os especialistas o encaram como um elemento central para a permanência dos professores iniciantes, para que se sintam mais seguros e melhorem a prática profissional.

Marcelo e Vaillant (2017) citam o estudo de Smith e Ingersoll sobre o efeito dos programas de indução na redução do abandono e na rotação de professores iniciantes. Os autores explicam que "vários estudos parecem apoiar a hipótese de que programas de indução bem concebidos e bem implementados são bem-sucedidos na melhoria da satisfação profissional, da eficácia e da retenção de novos professores" (Smith; Ingersoll, 2004, p. 684 *apud* Marcelo; Vaillant, 2017, p. 1228, tradução nossa).

No estudo citado, foram encontrados três tipos de propostas: um programa inicial básico que conta com apoio de um mentor da mesma disciplina e do diretor ou chefe do departamento; um segundo programa que, além de apresentar as características do primeiro, abrange o princípio da colaboração, ou seja, há um planejamento em comum com colegas de trabalho e participação em seminários com outros professores iniciantes; um terceiro programa que propõe uma colaboração – rede de professores – que mantém as características dos programas anteriores e inclui a participação do professor iniciante em uma rede externa de professores.

No contexto nacional, as experiências são bastante iniciais e isoladas, demonstrando como o tema da inserção profissional docente, acompanhado de indução, carece de maior aprofundamento em razão da ausência de políticas públicas. Em uma etapa decisiva como essa, que apresenta um diagnóstico crítico sobre a formação e a permanência dos professores iniciantes, faz-se necessário um maior aprofundamento sobre o período de inserção e as estratégias de apoio com vistas à transformação.

Propomos uma leitura crítica da indução apenas como mentoria, pois corre o risco de personificar práticas que são ou deveriam ser coletivas, assim como pode controlar o trabalho docente, produzindo uma profissionalização às avessas. É o que alertam Coelho e Diniz-Pereira (2017) ao mencionar a proletarização do trabalho docente sob o controle de execução de atividades e seus fins; os autores argumentam que, sob o discurso da profissionalização, pode haver uma diminuição da autonomia dos professores.

A parceria por via da mentoria pode provocar uma hierarquização da relação docente, compreendendo que o professor experiente, necessariamente, saiba mais que o iniciante, divergindo de uma concepção colaborativa, de trocas entre diferentes visões. Parece-nos mais interessante que essa interação ocorra entre mais de duas pessoas, como no caso das comunidades de aprendizagem docente, possibilitando diferentes compreensões sobre as práticas de ensino. Quando as parcerias ocorrem no contexto de uma comunidade de aprendizagem docente, demonstram como a coletivização de questões pode romper com o ensino individualizado e praticado a portas fechadas.

Por tal razão, defendemos neste capítulo uma compreensão de indução como processo de formação do professor iniciante durante o período de inserção profissional, que envolve o acompanhamento de suas ações, a tomada de decisões, o compartilhamento de experiências e as práticas docentes. Tão importante quanto as estratégias utilizadas é a concepção de que a indução envolve uma compreensão sobre a formação desses sujeitos, que pode ser formadora de justiça social (visando à aprendizagem colaborativa da docência) ou reprodutora (interessada apenas na retenção dos sujeitos). Para isso, desenvolvemos uma pesquisa que buscou compreender o trabalho de uma comunidade de aprendizagem docente com base nos relatos de professoras iniciantes e experientes que integram o grupo. Suas experiências permitiram compreender se a participação nesse espaço pode se configurar como estratégia de indução docente.

Caminho investigativo

Diante dos diferentes problemas enfrentados por professores iniciantes, buscamos compreender se a experiência de professores em situação de inserção profissional em comunidades de aprendizagem docente pode ser traduzida como indução profissional. Para isso, investigamos como as comunidades de aprendizagem docente podem se constituir em estratégia de indução durante o período de inserção profissional, sustentadas pela hipótese de que comunidades de aprendizagem docente podem contribuir para que a inserção profissional de um professor iniciante se dê de modo mais formativo e menos traumático, configurando-se em indução. Os objetivos específicos da investigação se delinearam em torno de três aspectos: 1. compreender o trabalho desenvolvido pela comunidade investigada; 2. analisar os aspectos facilitadores e dificultadores da inserção que envolvem a participação dos iniciantes em uma comunidade; 3. analisar a aprendizagem da docência de professores iniciantes em comunidade de aprendizagem docente.

O caminho percorrido para a identificação, localização e escolha das comunidades de aprendizagem docente ocorreu por via de três estratégias metodológicas: a primeira, um levantamento de literatura, contribuindo para o mapeamento sobre a temática e demonstrando a existência de um único grupo; a segunda, os informantes privilegiados, responsáveis pela indicação e localização de novos grupos; a terceira, o envio de formulários para os responsáveis dos grupos indicados pelos informantes, capaz de fornecer informações iniciais sobre a organização dos grupos e os participantes.

A segunda estratégia demonstrou ser a mais eficaz para a localização dos grupos, tendo em vista a constatação de que há poucas publicações sobre as comunidades de aprendizagem docente que não sejam de autores já consagrados no campo. A terceira estratégia contribuiu para a seleção das comunidades, podendo-se escolher as que, inicialmente, atendam aos critérios defendidos na pesquisa e excluindo-se os grupos que não demonstrem ser comunidades e/ou não incluam professores iniciantes no momento da realização da pesquisa.

Para a escolha do campo investigativo, foram selecionados três grupos de um total de cinco indicados por um informante com conhecimento sobre o campo e a temática, cuja análise inicial se deu por meio de um formulário. O instrumento levou à exclusão dos grupos que não incluíam professores iniciantes naquele momento e/ou cuja

Professores iniciantes e processos de indução | 145

proposta se afastava largamente do que consideramos uma comunidade de aprendizagem docente, observando especialmente aspectos combinados de duração (médio e longo prazo, com participação flexível) e colaboração (práticas colaborativas entre os sujeitos). Além disso, foram excluídos os grupos que não responderam ao questionário, em virtude da impossibilidade de verificar parte dos critérios adotados. Apenas um grupo se adequava aos nossos critérios: incluía professoras iniciantes e apresentava duração suficiente para que pudéssemos conhecer suas práticas e compreender o trabalho desenvolvido com vistas à formação das professoras.

Optamos pelo estudo de caso como a abordagem teórico-metodológica propícia para investigar os problemas evidenciados neste trabalho, visto que, com base nos estudos de Becker (1997), ele é entendido como método em que se pode adquirir conhecimento valendo-se da exploração intensa de um único caso. O autor aponta que o estudo de caso tem um propósito duplo. Por um lado, tenta chegar a uma compreensão abrangente sobre o fenômeno investigado (quem são seus membros, quais são as atividades, interações recorrentes, como se relacionam), por outro, tenta desenvolver declarações teóricas mais gerais sobre regularidades do processo e estruturas sociais.

A exploração intensa de um único caso revela um conhecimento aprofundado sobre as relações estabelecidas em uma comunidade de aprendizagem docente, analisando a sua possível contribuição para uma indução formadora de professores. A análise de um único grupo se dá pela dificuldade de localização e identificação das comunidades de aprendizagem docente no Brasil, mas não somente por isso: permite um estudo contextualizado de seu trabalho, baseado em uma população específica de referência – grupo formado por professores que atuam em diversas funções com interesse na alfabetização –, o que pode levar a novos conhecimentos e generalizações quando novas informações são adicionadas.

As estratégias de construção de dados usadas foram entrevistas, gravações, observação participante *online*, anotações de campo e análise das pautas dos encontros (2020-2021). Durante o período das observações, também foram observadas as interações via WhatsApp e Facebook, com acesso às conversas consideradas informais ou de bastidores de elaboração dos encontros. A análise dos dados foi feita com base em três eixos temáticos iniciais: 1. aspectos da inserção profissional; 2. aprendizagem da docência na comunidade de aprendizagem docente; 3. estratégias de indução. Esses eixos foram elaborados segundo os objetivos da pesquisa, com a intenção de respondê-los. Com base neles, foram observadas as recorrências dos materiais empíricos, com ênfase nas entrevistas, para chegar às constatações.

As considerações propostas neste capítulo são fruto desse trabalho, que segue algumas estratégias metodológicas específicas de construção e interpretação. As construções lógicas propostas e as relações apresentadas se baseiam em uma percepção geral de cada temática com a formulação e reformulação de questões que apareceram no decorrer do trabalho, também cruzando informações. Os sujeitos participantes da pesquisa, cinco professoras iniciantes e quatro professoras experientes, concordaram via um registro de consentimento livre e esclarecido com a participação na pesquisa. Seus nomes foram trocados para garantir a ética no estudo, e todos receberam retorno sobre as publicações decorrentes da investigação.

Coletivo docente como espaço híbrido de formação

Oriundo de um grupo de pesquisa de uma instituição universitária pública no estado de São Paulo, o coletivo docente surgiu como uma resposta às demandas de duas professoras iniciantes que demonstravam preocupação com o trabalho de alfabetização. Integrantes de outro subgrupo, as professoras compartilhavam reflexões e estudos sobre a prática pedagógica, com acolhimento às demandas do cotidiano, aprofundando os conhecimentos produzidos sobre/na prática profissional, baseadas nas experiências cotidianas. Esse subgrupo tinha a intenção de refletir sobre a relação entre o conhecimento escolar e a produção acadêmica, vivenciando momentos de socialização das narrativas pedagógicas e de conhecimentos profissionais.

No entanto, as professoras demandavam questões específicas do trabalho com a alfabetização. Durante uma conversa informal, na cantina da universidade, ambas as professoras iniciantes solicitaram ajuda a outra integrante mais experiente, como relembra uma delas: "Olha eu aqui iniciando, sofrendo, tentando alfabetizar as crianças e vocês com tanta experiência em alfabetização não vão fazer nada para ajudar a gente?". Desse questionamento, surgiu a proposta de criação de um espaço de troca, cuja tentativa era, justamente, auxiliar as professoras em início de carreira no que se referia a alfabetização, leitura e escrita, como evidenciado no relato a seguir:

> [...] a gente inicia o grupo, a gente começa a tecer essa rede colaborativa, na perspectiva de tentar colaborar, principalmente, com quem estava iniciando na docência. A gente combina já, naquele dia, uma agenda, um calendário, e a gente começa a se reunir, inicialmente com poucas pessoas, começamos a divulgar isso para as pessoas: "A gente está se reunindo para conversar sobre alfabetização, quem quiser vem com a gente". E, ao mesmo tempo, em contrapartida a isso, a gente se aproxima mais do pessoal do Rio que também, na perspectiva de ter um grupo colaborativo, que pense em alfabetização, que organiza os encontros do Fala Professora, a gente foi fazendo a mesma coisa aqui, então, com a inspiração deles e também com essa necessidade de ter um espaço para discutir uma temática mais específica, que era a temática da alfabetização (Patrícia, entrevista, 2021).

Segundo Noemi, coordenadora e professora experiente na carreira docente, sua entrada no coletivo docente se deu pelo contato com outro coordenador, Arnaldo. Ela reforça a importância de um espaço específico para as demandas de professoras iniciantes, ressaltando aspecto comum no que se refere à inserção profissional: o choque de realidade vivenciado por professoras que se deparam com um mundo que talvez não seja tão familiar como o esperado:

[...] então, mais ou menos em 2005, 2006, eu comecei a participar dos grupos da universidade, um subgrupo que o Arnaldo coordena, foi onde eu conheci o Arnaldo. Os encontros aconteciam quinzenalmente e comecei a participar dos encontros de terça, e aí no grupo... é um grupo, não sei se você conhece, mas enfim, ele é um grupo que acolhe diferentes profissionais, de diferentes segmentos, de diferentes instituições. E, às vezes, na época, a gente sentia falta de uma questão mais amarrada justamente da didática da língua portuguesa e da alfabetização. E aí, junto essa questão com a de algumas professoras que, assim como você, eram recém-formadas, professoras iniciantes, e que foram para sala de aula. Aí, quando chegaram na sala de aula, descobriram que era um mundo não tão familiar aquilo que elas imaginavam, que a universidade talvez tivesse ajudado, mas não respondia a algumas questões que elas tinham. Então, o nosso grupo nasce nesse momento (Noemi, entrevista, 2021).

O "choque de realidade" (Veenman, 1984) explicitado por Noemi é um sentimento vivenciado por grande parte dos professores iniciantes, que, ao começar a exercer a profissão, se depara com um reajuste de expectativas entre o imaginado e o real. Por vezes, professoras iniciantes constroem uma imagem idealizada do ensino e da profissão, considerando-os como possibilidade de "salvação" de jovens vulneráveis, de harmonia social e fácil adaptação. No entanto, ao adentrar nesse novo cenário, revela-se a multiplicidade de ações pedagógicas diante de contextos culturais e sociais muito diversos.

A razão pela qual as professoras iniciantes enfrentam esse reajuste de expectativas se deve, em parte, a um imaginário social fortemente construído sobre a profissão docente, marcado por um reconhecimento sobre a importância da atividade docente, ao mesmo tempo em que há um desconhecimento acerca dos saberes profissionais específicos. Também pode ser retrato de uma formação inicial distanciada das diferentes realidades profissionais, oferecendo poucas experiências situadas de ensino.

Conforme Noemi relata, apesar da importância da formação inicial, as professoras identificaram lacunas, especificamente quanto à didática da língua portuguesa. Os cursos de pedagogia oferecem algumas disciplinas com essa temática, que variam de acordo com a instituição, e, apesar das diferenças quanto à carga horária e ao lugar que ocupam no currículo dos cursos, parece haver um sentimento comum que descortina para a distância entre universidade e educação básica.

Uma das primeiras e talvez a principal modificação na concepção do grupo foi sua transformação de grupo exclusivamente de estudo para grupo com trabalho colaborativo. Essa alteração se deu em parte pela chegada de novas professoras e das compreensões sobre formação de professores que trouxeram e, também, pela experiência das integrantes em outros espaços colaborativos que serviram de inspiração para essa virada.

O caráter informal do grupo propiciava certa autonomia em sua organização, pois as professoras participantes eram responsáveis pela certificação e regulação dos encontros. Durante esse período, as coordenadoras entrevistadas relataram que se sentiam "mais fora do que dentro" da universidade. Prevalecia uma sensação de atuação nas brechas, nem lá nem cá, ou seja, não era um grupo da universidade formalmente, tampouco um espaço somente de professoras da educação básica. Ainda que os encontros ocorressem no território universitário, o grupo não era reconhecido nem aparentava ser de interesse sua institucionalização.

No entanto, com o passar do tempo e as transformações na concepção e organização do grupo, reconheceu-se a importância de que ele existisse formalmente como integrante de uma instituição universitária pública paulista que faz parte de um grupo de pesquisa ligado à universidade. Noemi conta que

> [...] desde 2020, a gente passa a existir "formalmente" na universidade como um dos coletivos que fazem parte do grupo de pesquisa, então, hoje em dia, digamos, a gente teria uma sala, teria um horário de funcionamento, matrículas; as pessoas se inscrevem e ganham um certificado da universidade, antes a gente fazia o certificado. Mas, de novo, a gente sempre diz que isso não é um impeditivo; então, ao longo do ano, muitas pessoas que não se inscreveram vão chegando, porque o movimento é muito esse (Noemi, entrevista, 2021).

Para Zeichner e Liston (2013), os espaços híbridos na formação de professores se configuram em uma aproximação dos conhecimentos universitários, da educação básica e da comunidade. Essa aproximação se dá de uma forma menos hierárquica para apoiar a aprendizagem da docência. Ao pensar sobre o que um professor precisa aprender para se tornar um profissional do ensino, os autores defendem que não basta apenas o conhecimento produzido pela academia e suas consequentes pesquisas, faz-se necessário relacioná-lo a um movimento da prática e da atuação profissional daqueles que ensinam nas escolas de educação básica e também dos agentes comunitários que vivenciam situações reais próximas às dos professores e estudantes.

Ao se instituir como parte integrante da universidade, em colaboração com profissionais do ensino que atuam em diferentes escolas, o trabalho desenvolvido pelo grupo possibilita articular novas atuações. Cruza as fronteiras de sua própria instituição para formar professores de modo dialógico e pensando sobre problemas comuns. Não foi a institucionalização na universidade que caracterizou esse processo, e sim a própria concepção de formação do grupo e sua organização ao longo do tempo; mas, ao se reconhecer como parte do contexto universitário, ocupa um papel central em relação a quem produz conhecimento sobre o ensino e quem está apto a fazê-lo.

A institucionalização desse espaço híbrido pôde favorecer a implementação de novas maneiras de formação de professores e, ainda que esses espaços sempre tenham existido à margem do sistema "tradicional", agora reivindicam a sua legitimidade para contribuir com pesquisas e conhecimentos específicos sobre a docência. Sobre isso, Zeichner e Liston (2013) defendem que espaços colaborativos facilitam a construção de soluções coletivas para os dilemas do cotidiano.

Indução docente da perspectiva da comunidade de aprendizagem

Diante do apresentado, entendemos ser necessário reforçar que os professores iniciantes não chegam à escola totalmente perdidos e sem conhecimentos prévios. A formação inicial desempenha um papel importante no desenvolvimento profissional e é a principal responsável pela formação dos professores. Mas, como defende Zeichner (1993, 2010), por melhor que ela seja e na melhor das hipóteses, preparará o docente para começar a aprender a ser professor, pois é necessária uma conexão entre os cursos de formação de professores e o campo da prática de atuação. Embora muitos cursos já incorporem estágios de formação e programas de iniciação à docência, favorecendo uma parceria entre universidade e escola, ainda há desarticulação entre o que é ensinado aos estudantes e a realidade escolar.

Defendemos uma perspectiva do conhecimento *da* prática, quando discussões sobre como é produzido o conhecimento, quem o produz, para quem e o que conta como conhecimento são tão importantes quanto o uso que se faz dele. Assim, as discussões advêm da prática e, desse modo, são inseparáveis dos sujeitos que a compõem. Como afirmam Cochran-Smith e Lytle (1999), a produção do conhecimento

> [...] é entendida como um ato pedagógico – construído no contexto do uso, e intimamente ligado ao sujeito que conhece, e, apesar de relevante na situação imediata, é também um processo de teorização. Dessa perspectiva, o conhecimento não está amarrado pelo imperativo instrumental que o obriga a ser aplicado em uma situação imediata; pode também moldar os enfoques conceituais e interpretativos que os professores usam para fazer julgamentos, teorizar sobre a prática e conectar seus esforços a questões políticas, intelectuais e sociais mais amplas, bem como ao trabalho de outros pesquisadores, professores e comunidades (Cochran-Smith; Lytle, 1999, p. 273, tradução nossa).

Os professores têm papel central na produção do conhecimento sobre a própria prática, tendo em vista que a escola, as salas de aula e as instituições são espaços privilegiados para a investigação e a reflexão sobre o saber-fazer. Portanto, não há distinção entre saber formal e saber prático. Também se distancia da segunda concepção de que há um conhecimento essencialmente prático, pois entende que não existe essa dualidade de saberes. Cochran-Smith e Lytle (1999), afirmam sobre tal diferenciação:

> Isto é, a concepção de conhecimento da prática se diferencia da ideia de que existem dois tipos distintos de conhecimento de ensino, um que é formal, já que é produzido segundo as convenções da pesquisa social, e outro que é prático, produzido na atividade de ensino (Cochran-Smith; Lytle, 1999, p. 273, tradução nossa).

A indução compreendida do ponto de vista da aprendizagem da docência *da* prática pressupõe que professores aprendam juntos, gerando um novo tipo de conhecimento. No interior das comunidades de aprendizagem docente, seria possível uma nova articulação de saberes e espaços até então não vivenciados na universidade e na escola. Para os iniciantes, seria uma estratégia de aprendizado por dentro da profissão, em parceria com os professores experientes, os estudantes das licenciaturas e os professores da universidade.

As comunidades de aprendizagem docente podem vir a ser uma resposta a diversas questões enfrentadas pelos professores iniciantes no exercício de sua docência. Para que isso de fato ocorra, tudo depende do trabalho desenvolvido no seio dessas comunidades. Não basta que professores iniciantes e experientes se reúnam para que haja um trabalho em favor da formação dos primeiros. Por tal razão, as narrativas das professoras que participam do grupo ganham ainda mais importância, pois revelam suas concepções de ensino, tensões profissionais e expectativas em relação ao aprendizado da docência. A seguir, vamos nos ater a duas características contributivas da comunidade de aprendizagem docente para a indução profissional da perspectiva do conhecimento da prática: a "desprivatização" da prática e a investigação como postura.

A "desprivatização" da prática é a interrupção do trabalho como ato privado. Durante o período de inserção, os professores iniciantes sentem um isolamento profissional, recorrem a um trabalho individualizado e imitam seus pares acriticamente, muitas vezes atrás de portas fechadas, o que impede que sua docência seja observada por terceiros. Por um lado, o isolamento os afasta do compartilhamento de ideias e práticas, mas, por outro, permite certa autonomia diante do julgamento dos professores experientes.

A desprivatização da prática, da perspectiva de Cochran-Smith (2012) e de Campelo e Cruz (2019), seria a abertura do trabalho a outros, para que haja colaboração entre pares, tornando o trabalho aberto às críticas. Ao expor sua prática de ensino, suas dificuldades, inseguranças e expectativas, é possível ao professor construir coletivamente o conhecimento. Assim, da perspectiva de uma comunidade de aprendizagem docente, os professores iniciantes têm a possibilidade de desprivatizar sua prática.

Sobre a desprivatização de práticas alfabetizadoras, as participantes da pesquisa mencionaram alguns momentos vividos no grupo que foram importantes para a troca de experiências sobre o ensino embasadas numa perspectiva que considera a sua multidimensionalidade (Candau, 1983, 2020). As experiências são fundamentadas em dimensões técnicas, humanas e político-sociais que não se justapõem, havendo uma articulação entre elas. Sobre essa dinâmica, Elena, uma professora experiente do grupo, destaca:

> Eu acho que a escrita da minha primeira narrativa para o grupo foi muito marcante também, a participação no Fala, outra escola que, inclusive, vai ter esse ano. Foi tudo muito marcado, porque nunca é o meu trabalho, é nosso. E é esse coletivo que se organiza para produzir esse trabalho, é esse coletivo que parte do vivido, do acontecimento e do acontecimento miudinho da sala de aula quando tem uma pipoca pedagógica, e eu nem sabia o que era pipoca pedagógica, eu descobri no grupo [...]. É uma comunidade, não é uma coisa isolada, técnico né? A gente quebra esse técnico-científico da formação, inclusive. Fica tudo muito próximo da vida, da teoria, da narrativa, está tudo

muito alinhado, parece que é uma bagunça quando alguém pensa "nossa, como que faz?", mas na hora que... é o vivido. É a experiência do vivido misturado com a teoria, com a vida, com o texto escrito, e a coisa acontece de uma forma que eu não sei explicar (Elena, entrevista, 2021).

Apesar de a professora experiente afirmar não saber explicar o que acontece no grupo, ela demonstra como as atividades experienciadas partem de diferentes dimensões articuladas entre si. É a reflexão sobre o vivido na sala de aula que produz narrativas, textos e outras formas de conhecimento sobre o ensino. As professoras iniciantes da pesquisa também destacam atividades que julgam contributivas para as suas práticas, como aquela intitulada "chão da escola". Trata-se de um encontro em que as professoras narram e compartilham situações de ensino vivenciadas por cada uma, que revelam as dificuldades, as estratégias de ensino, o material didático produzido, como explica a professora iniciante Lygia:

Tem um tal de chão de escola que é alguma coisa legal, que foi desenvolvida na escola e os professores levam para lá para mostrar, então, eu e minha amiga, no ano passado, a gente levou uma experiência que a gente teve no sarau de poesias [...] fizemos um sarau, e mostramos lá no grupo, fizemos de poesia, de crônica e de piada, fizemos essa apresentação, fizemos na nossa turma (Lygia, entrevista, 2021).

Sobre a troca de narrativas e exposição das atividades, Lygia diz:

[...] o legal do grupo é isso, porque você mostra as experiências, todo mundo tem uma experiência legal, que deu certo, então, é legal mostrar, copiar, literalmente, copiar. E aí, é isso, os debates. Eu gosto muito dos debates que tem lá, se é tal assunto, perguntam o que a gente acha disso e aí vamos trocando figurinhas, cada um acha uma coisa e depois você forma a sua opinião através do debate ali (Lygia, entrevista, 2021).

A aprendizagem da docência em uma concepção *da* prática permite que os professores iniciantes, ao trocar com os experientes, vejam-se como tomadores de decisão e pertencentes a um grupo. As altas expectativas se referem a eles mesmos, como professores, e aos estudantes. No interior dos grupos, podem ser favorecidas as altas expectativas de si, conforme criam conhecimento situado e veem as mudanças com base em uma realidade concreta.

Pode favorecer também que todos os integrantes, iniciantes ou experientes, assumam altas expectativas dos estudantes. Narrar sobre a docência de forma oral ou escrita permite que as experiências sejam compartilhadas, repensadas e reformuladas. Valendo-se da troca, é possível conhecer outras estratégias de ensino-aprendizagem, assumindo a responsabilidade de que todos são capazes de aprender e que pertencer ao grupo é um processo formativo.

A investigação como postura trata de uma visão crítica que deve ser cultivada ao longo de toda a vida profissional, mas que é fundamental no contexto das comunidades de aprendizagem docente. A prática docente não é vista como mera reprodução de uma perspectiva aplicacionista; há um sentido social e político nas deliberações sobre como e por que fazer, quem decide e a quem se dirige.

A pesquisa do professor deveria ser a base do conhecimento profissional docente, opondo-se à ideia de que o conhecimento é apenas gerado na universidade. É muito comum que a base profissional seja pensada considerando conhecimentos de "fora para dentro" da escola. Embora sejam conhecimentos válidos, distanciam-se do que acontece no interior das instituições e afeta a profissão docente.

Os professores podem vir a desenvolver um modo de ser investigativo, que vai além de uma pesquisa esporádica em um período específico. Por serem de longa duração, as comunidades permitem o desenvolvimento dessa postura. A finalidade principal do construto de postura investigativa é aprimorar a aprendizagem do aluno e as suas chances na participação e contribuição para uma sociedade diferente e democrática (Cochran-Smith; Lytle, 1999). As professoras Bell e Tatiana explicam como a participação na comunidade de aprendizagem docente contribui para uma postura investigativa:

> Então, uma coisa boa do grupo é que todo mundo que chega lá participa de alguma forma, a fazer a leitura inicial ou falar sobre algum tema, então, todas são... é um grupo bem proativo, todas ali são protagonistas. Então, quando você participa de um grupo assim, que você não só recebe, mas colabora, então, você também leva a sua angústia, deixa ali a sua marca e tudo isso leva a algumas reflexões. Então, por exemplo, se a gente fala sobre a alfabetização com a parlenda, aí a gente pensa: mas por que a parlenda? Qual trabalho a gente pode fazer? Qual vocês acham que deu mais resultado? É mais ou menos isso. Então, junto com as teorias é "o que você acha desse material?", porque é elaborado para alfabetização. A gente conversou também sobre aquela questão dos contos de fadas, porque o governo estava querendo tirar algumas fábulas dos contos de fadas. E a nossa reflexão é "até que ponto isso é bom, isso é ruim? O que pode acontecer?". Então, a gente pode crescer como profissional, a gente vai pensar as intervenções que a gente pode fazer com os alunos em sala de aula. A gente pensa além das várias metodologias, é pensar fora da caixa e não ficar naquela coisa do tradicional. Então, leva para vários caminhos, várias reflexões, então, tem uma coisa muito boa no grupo que todas são ouvidas, todas são respeitadas. Todas as reflexões, elas são discutidas e debatidas de forma saudável. A gente fala e reflete sobre as ações que a gente tem com os alunos nesse processo, que é a alfabetização (Bell, entrevista, 2021).

> Essa troca, eu acho que é muito boa. Agora, eu mudei de escola, pedi uma remoção para uma escola mais próxima, então, a gente vê as trocas de experiências, eu também estou em uma escola nova, mas tem outras professoras do primeiro ano que já vieram me ajudar, então, eu vou passando experiências para elas do que deu certo também, tem toda essa parte boa. Acho que do grupo também, é uma parte de leitura, mas também as trocas de experiências que cada um vai relatando, que vai fazendo (Tatiana, entrevista, 2021).

No contexto das comunidades de aprendizagem docente, a postura investigativa tem papel central, pois trata de uma visão crítica sobre o ensino que deve acompanhar os professores ao longo de toda a vida profissional. É atribuído um caráter político e social à docência, pois conhecer e compreender as políticas nacionais de alfabetização é, também, uma forma de combater propostas aplicacionistas de mera reprodução de práticas.

Professores, ao se reunirem em torno de uma temática, produzem um tipo de conhecimento que é próprio de quem atua na educação básica. Esse reconhecimento de que novas formas de produção de conhecimento são válidas é fundamental para o campo educacional, que ainda considera único o saber científico acadêmico. Professoras da educação básica em comunidades de aprendizagem docente têm a possibilidade de investigar ações específicas de sala de aula, produzir currículo e interpretar a cultura docente, compartilhando seu conhecimento com outros da escola.

Conclusões

Neste capítulo, descortinamos a problemática da inserção profissional e parte das perspectivas de indução profissional. Apresentamos, no contexto argumentativo da pesquisa, uma defesa das comunidades de aprendizagem docente como estratégia de indução baseada em narrativas de professoras iniciantes e experientes que integram um grupo dessa natureza.

Procuramos demonstrar como a criação de uma comunidade de aprendizagem se insere numa disputa por um lugar na formação de sujeitos, ocupando um espaço híbrido de formação e atuação profissional. Nesse sentido, a indução pela perspectiva de formação da prática pode ser compreendida como um entrelugar, cuja proposta reconhece o esforço legítimo da institucionalização do espaço sem perder de vista os conhecimentos específicos de professores que atuam na educação básica.

Porém, para que as comunidades de aprendizagem docente possam sair das margens da formação e se tornar protagonistas do desenvolvimento profissional, com ênfase na indução de professores iniciantes, é preciso um esforço coletivo para superar os fortes obstáculos que impedem a sua valorização e o seu reconhecimento. Entre eles, o cenário de precarização do trabalho docente, que pouco reconhece a importância de espaços coletivos de formação, não computados em horas de trabalho e em um plano de carreira, bem como aqueles que se referem às concepções de formação que operam no ensino superior e em grande parte das escolas da educação básica. Portanto, as parcerias impostas, as condições materiais e estruturais que organizam o trabalho docente são empecilhos para a implementação de comunidades de aprendizagem docente.

Da perspectiva de indução que defendemos, não basta um apoio individualizado entre pares no contexto das salas de aula. Ainda que seja valioso, esse apoio pode cair em responsabilização docente, individualização profissional, reprodução acrítica de práticas e mecanismos como os apontados pela literatura internacional de bonificações.

Referências

BECKER, H. S. *Métodos de pesquisa em ciências sociais*. São Paulo: Hucitec, 1997.

CAMPELO, T. da S.; CRUZ, G. B. da. "Deprivatization of practice" como estratégica de formação inicial docente no PIBID Pedagogia. *Revista Ibero-Americana de Estudos em Educação*, Araraquara, v. 14, n. 1, p. 169-187, 2019. Disponível em: https://periodicos.fclar.unesp.br/iberoamericana/article/view/11045. Acesso em: 6 out. 2021.

CANDAU, V. M. *A didática em questão*. Rio de Janeiro: Vozes, 1983.

CANDAU, V. M. Didática, interculturalidade e formação de professores: desafios atuais. Dossiê "Pedagogia, didática e formação docente: velhos e novos pontos críticos-políticos". *Revista Cocar*, n. 8, 2020.

COCHRAN-SMITH, M. A tale of two teachers: learning to teach over time. *Time – Kappa Delta Record*, v. 48, n. 3, 2012.

COCHRAN-SMITH, M.; LYTLE, S. L. Relationships of knowledge and practice: teacher learning in communities. *Review of Research in Education*, Estados Unidos da América, n. 24, p. 249-305, 1999.

COELHO, A. M.; DINIZ-PEREIRA, J. E. Olhar o magistério "no próprio espelho": o conceito de profissionalidade e as possibilidades de se repensar o sentido da profissão docente. *Revista Portuguesa de Educação*, Braga, v. 30, n. 1, p. 7-34, 2017.

MARCELO, C.; VAILLANT, D. Políticas y programas de inducción en la docencia en Latinoamérica. *Cadernos de Pesquisa*, São Paulo, v. 47, n. 166, p. 1224-1249, out./dez. 2017.

VEENMAN, S. Perceived problems of beginning teachers. *Review of Educational Research*, Catholic University of Nijmegen, v. 54, n. 2, p. 143-178, 1984.

ZEICHNER, K. *A formação reflexiva de professores: ideias e práticas*. Lisboa: Educa, 1993.

ZEICHNER, K. Repensando as conexões entre a formação na universidade e as experiências de campo na formação de professores em faculdades e universidades. *Educação*, Santa Maria, v. 35, n. 3, p. 479-504, set./dez. 2010.

ZEICHNER, K.; LISTON, D. P. *Reflective teaching: an introduction*. 2. ed. Nova York: Routledge, 2013.

7
POSSIBILIDADES FORMATIVAS NO INÍCIO DA CARREIRA DE PROFESSORES E ORIENTADORES PEDAGÓGICOS

Daniela de Ávila Pereira Lourenço
Renata Prenstteter Gama
Vivian Maggiorini Moretti

Este capítulo analisa o processo conhecido como inserção profissional do professor e do orientador pedagógico, evidenciando possibilidades formativas para o início da carreira. Para isso, foram destacados resultados de duas dissertações com abordagem qualitativa, defendidas no Programa de Pós-Graduação em Educação da Universidade Federal de São Carlos, *campus* de Sorocaba (PPGEd/So), e desenvolvidas no âmbito do projeto "Processos de indução a professores iniciantes nas escolas públicas de educação básica: o que cabe à escola e à Secretaria Municipal de Educação?".

A pesquisa de Moretti (2021) se debruça sobre o processo de inserção profissional docente, declarado por professores dos anos iniciais, mostrando as possibilidades de ação da gestão escolar. Para obtenção dos dados, realizaram-se o mapeamento dos professores iniciantes da Secretaria Municipal da Educação de Sorocaba, São Paulo, um questionário e entrevistas semiestruturadas para aprofundamento dos dados. Para essa produção, a interpretação se assentou em duas categorias: inserção docente dos professores e possibilidades de ação da gestão escolar no processo de inserção profissional docente.

A segunda pesquisa, conduzida por Lourenço (2020), refere-se ao processo de inserção profissional do orientador pedagógico na mesma rede municipal de ensino. Os dados foram produzidos com base em uma pesquisa-formação voltada aos orientadores pedagógicos em início de carreira, realizada numa parceria entre a Universidade Federal de São Carlos/Sorocaba e a prefeitura de Sorocaba. Foram oito encontros semanais, divididos em três eixos: o eixo 1, voltado aos estudos sobre a identidade e atuação do orientador pedagógico; o eixo 2, sobre o orientador pedagógico e o início de carreira; e o eixo 3, com a temática do orientador pedagógico e a formação de professores, no qual também foi possível refletir sobre a própria formação do orientador pedagógico. Quem forma o formador?

Assim, neste capítulo, enfrentamos o desafio de apresentar uma metassíntese, entendida como uma

> [...] revisão sistemática acerca de um problema, fenômeno ou objeto de estudo que consiste, primeiramente, em obter evidências qualitativas de estudo(s) de primeira ordem que compõem o *corpus* de análise da revisão, produzindo uma síntese interpretativa de uma ou mais investigações, para, a seguir, realizar um estudo de segunda ordem do(s) estudo(s) do *corpus*, produzindo outras interpretações e outros resultados, que permite atingir outro nível de síntese possível (Cristovão; Fiorentini, 2021, p. 38).

Neste estudo, a revisão de primeira ordem foi desenvolvida de forma interpretativa com duas categorias analíticas em cada pesquisa. A primeira categoria se refere ao processo de inserção dos professores e dos orientadores iniciantes, e a segunda discorre sobre o papel da gestão escolar e da gestão da rede.

O estudo de segunda ordem foi realizado com base na análise do entrecruzamento dos resultados das categorias para compor a síntese integrativa.

Possibilidade formativa de professores iniciantes

Inserção docente dos professores:
Fase inicial do ciclo profissional docente

A primeira categoria destaca a fase inicial do ciclo profissional docente e nos remete aos estudos de Huberman (2000), que, além de definir o período de inserção profissional como aquele que acontece da entrada na carreira até o terceiro ano de exercício, destaca dois momentos importantes nesse processo: o choque de realidade e as descobertas. O início da prática profissional do professor iniciante leva a um contexto de desafios nos quais ele precisa aprender a ensinar, a se tornar professor e a reconhecer que os professores serão aprendizes ao longo de sua vida.

A professora Bárbara,[1] uma das iniciantes participantes da pesquisa desenvolvida por Moretti (2021), relata: "Foi difícil, um período de descobertas e medos. Havia da minha parte o pensamento ético da responsabilidade de que meu 'material' de trabalho seriam seres humanos nos primeiros processos de formação física e psicológica" (2020).

Como desafios, os professores iniciantes citaram a gestão da sala de aula no que se refere à indisciplina dos alunos; a sistematização de projetos; a falta de profissionais de apoio para atendimento às especificidades dos estudantes da educação especial; a organização das atividades de articulação com a comunidade de pais e responsáveis pelos alunos.

---

1. Todos os nomes citados no decorrer deste capítulo são fictícios, e as contribuições foram retiradas das entrevistas e dos questionários respondidos pelos professores iniciantes.

Essas situações, que caracterizam o choque de realidade, são as principais motivadoras para a desistência do exercício profissional, causadas pelo distanciamento que se percebe em relação àquilo que se estuda e se conhece teoricamente e a realidade vivenciada ao iniciar na profissão. A professora Beatriz ilustra essa constatação:

> A realidade das escolas é muito diferente da teoria aprendida na graduação. Quando você se depara com uma escola pública, principalmente em regiões muito humildes, então, é preciso conviver com todas as desigualdades sociais em que seus alunos *sobrevivem*, [...] você descobre que boa parte dos documentos legais que você estudou por tanto tempo não funciona para todos, são documentos abstratos (2020).

Pelos apontamentos das professoras, é possível observar que a inexperiência pode provocar receios e sentimentos como angústia, medo e insegurança diante da responsabilidade da profissão, do contexto em que se dá o exercício profissional e da dificuldade em encontrar uma rede de apoio que esteja sincronizada com as necessidades do professor em início de carreira.

Concomitantemente aos desafios, encontramos as descobertas, que são mobilizadoras de sentimento de pertencimento, engajamento e realização profissional e motivam a permanência dos professores na profissão. Muitos desafios são propulsores de reflexões e promovem novas incursões na prática pedagógica. Nesse sentido, a professora Bárbara (2020) revela que "a surpresa é diária, o que nos leva a ação-reflexão-ação".

Os resultados positivos tendem a incentivar novas experimentações, diminuir o medo e oportunizar a construção de uma imagem profissional positiva. A professora Renata (2020) destaca que, "como a situação da minha sala de 5º ano é muito desafiadora, me surpreendi como fui capaz de lidar com os problemas e, no fim, ter uma relação muito boa com a turma". Igualmente importante para os professores iniciantes é identificar em seus alunos comportamentos que demonstrem alegria e bem-estar ao adentrar o espaço escolar, pois reconhecem, nesses comportamentos, um reflexo positivo do trabalho que estão desenvolvendo. As descobertas podem iniciar aproximações com elementos de engajamento em sua inserção profissional.

Os aspectos formativos e de aprendizagem docente também são declarados pelos professores iniciantes como relevantes para o processo de inserção profissional. A professora Daniela (2020) relata um episódio que caracterizou como traumático: haveria uma exposição cultural em que seriam expostos os trabalhos desenvolvidos pelos alunos no decorrer do ano. No dia anterior, a professora, que trabalhava à tarde, organizou o mural da sua turma e deixou tudo montado. No dia seguinte, como estava insegura, decidiu ir à escola logo pela manhã para verificar se estava tudo certo e também para acrescentar algumas fotos. Ao chegar à escola, encontrou o mural caído no chão. A professora relata que os pais daquele período já estavam chegando e que uma professora deu a dica para que ela grudasse com cola quente. Foi uma correria, e ela conclui: "Para mim, foi uma situação consideravelmente traumática, pois, se eu não tivesse ido no período oposto ao meu, todo o meu trabalho estaria no chão".

Como já discorremos anteriormente, as crises e as descobertas são vivenciadas simultaneamente, e a mesma professora afirma que se surpreendeu "com a empatia, bondade e paciência de algumas poucas professoras que me orientaram em minhas dúvidas e em várias situações da rotina diária escolar" (2020).

Esses depoimentos demonstram dúvidas nas situações diárias e nos remetem à relevância de uma formação inicial e continuada articulada às práticas profissionais docentes. A formação é reconhecida pelos professores iniciantes como fator primordial para superar as dificuldades iniciais acentuadas pela inexperiência. Em consonância com esse pensamento, muitos professores buscam outras licenciaturas e investem em especializações.

Podemos afirmar que, além dos cursos de formação inicial e das especializações buscadas pelos docentes, a formação continuada tem lugar de destaque na profissionalização docente. Nesse sentido, Nóvoa

(1992) defende que não podemos nos limitar a entender a formação continuada de professores como uma formação que se constrói pela acumulação de cursos, de conhecimentos ou de técnicas. Ela se dá por meio de um trabalho de reflexão crítica sobre as práticas de (re)construção de uma identidade pessoal e profissional que pode estar vinculada à construção dos espaços coletivos de formação na escola.

Silva (1997) salienta que os programas de formação continuada que utilizam as necessidades formativas apontadas pelos docentes como base para sua elaboração costumam ser bem-sucedidos, pois contam com o envolvimento dos formandos ao longo de todo o processo. Marcelo (1999, p. 22) pontua características da formação continuada que contribuem para a constituição profissional do professor iniciante:

> A formação continuada de professores favorece questões de investigação e de propostas teóricas e práticas que estudam os processos nos quais os professores se implicam, e que lhes permitem intervir profissionalmente no desenvolvimento do seu ensino, do currículo e da escola.

Ao lado da formação continuada, também têm espaço as experiências formadoras vivenciadas nos estágios e em ações institucionalizadas por meio de parcerias entre as instituições de ensino superior e as escolas de educação básica. A professora Priscila (2020) destaca que o que mais contribuiu para esse momento de inserção docente foi "estagiar como aluno educador,[2] por ser uma experiência muito próxima da realidade que um professor presencia dentro da sala de aula".

---

2. Projeto da prefeitura de Sorocaba, no qual "os estagiários são encaminhados à prefeitura após um processo seletivo no Centro de Integração Empresa Escola (CIEE), que escolhe os perfis que mais se encaixam na vaga em aberto. Os alunos educadores atuarão com a supervisão de um professor regente nas salas de educação básica e infantil, podendo estender o aprendizado para a educação especial fornecida pelo município". Texto informado pela prefeitura de Sorocaba, disponível em: https://agencia.sorocaba.sp.gov.br/secretaria-da-educacao-realiza-integracao-de-883-novos-estagiarios/. Acesso em: 2 jul. 2022.

Como buscamos revelar, os professores iniciantes apresentam percursos formativos e demandas específicas de formação continuada que se relacionam ao processo de articulação entre teoria e prática e constituição profissional. Com base nessa ratificação, adentramos a segunda categoria, na qual procuramos evidenciar as possibilidades de ação da gestão escolar no processo de inserção profissional docente.

Possibilidades de ação da gestão escolar no processo de inserção profissional docente

Neste estudo, consideramos a gestão escolar como aquela composta pelos membros do suporte pedagógico que atuam diretamente com os professores iniciantes, portanto, diretor de escola, vice-diretor de escola e orientador pedagógico. Identificamos três elementos significativos e complementares entre si que potencializam as descobertas e minimizam o choque de realidade no processo de inserção docente, são eles: a recepção ou o acolhimento ao professor iniciante; o acompanhamento do professor iniciante pela equipe gestora; e a formação continuada, especialmente a que acontece na instituição escolar.

O processo de inserção de professores em início de carreira não se compõe exclusivamente de aspectos técnicos e/ou conhecimentos docentes, mas exige prática reflexiva das ações desenvolvidas, sentimento de pertencimento, gerência das relações interpessoais, visto que o trabalho é construído num processo dinâmico de relações entre as pessoas e as condições do meio no qual se inserem. Essa realidade é repleta de dilemas, angústias, medos, incertezas, mas também apresenta um universo de possibilidades, sonhos, desejos e encontros. É nesse cenário que destacamos as ações da gestão escolar que favorecem a inserção profissional docente do professor iniciante.

A recepção ou o acolhimento do professor iniciante é fundamental para que ele possa desenvolver o sentimento de pertencimento, compreendido por Hall (2015) como sentir-se parte integrante do grupo, ao qual se pode recorrer quando preciso. O acolhimento está relacionado à socialização profissional e pode minimizar as situações de estresse, visto que o professor iniciante compreende que não enfrenta sozinho as situações desafiadoras do exercício profissional no início de carreira.

A professora Priscila aponta que "foi essencial o acolhimento e a estrutura da gestão para poder realizar bem meu trabalho como professora. A gestão me acolheu superbém, e os outros docentes também deram bom espaço e dicas para meu início na instituição" (2020).

Portanto, o acolhimento tem caráter humanitário (Fullan; Hargreaves, 2000) e se dá por toda a equipe escolar. Embora esse processo de acolher pareça ser destinado somente ao professor iniciante, pode ser uma oportunidade também para o professor experiente compartilhar suas experiências, o que pode aprimorar sua própria prática. Os autores prosseguem, afirmando que, quando não há acolhimento, "quaisquer coisas importantes que determinados professores façam ou possam fazer passam despercebidas e quaisquer coisas ruins que façam não são corrigidas" (p. 25). Desse modo, o acolhimento promovido pela gestão escolar tende a dinamizar o processo de aprendizagem do professor iniciante, e, em conjunto com a equipe escolar, ele tem melhores condições de desenvolver saberes e se constituir profissionalmente.

Por outro lado, Silva (1997) alerta que a falta de acolhimento pode gerar, no professor iniciante, o sentimento de estar "entregue a si próprio", e isso pode acarretar situações nas quais o professor iniciante se sinta medido e julgado, o que dificulta o processo de inserção e o exercício profissional.

A professora Beatriz (2020) define o acolhimento como a ação de "dar suporte em todos os sentidos, para que o professor adquira segurança em sala de aula, mesmo que nesse início o processo possa ser desafiador, estressante e algumas vezes solitário." Portanto, é uma ação que se desdobra além da recepção inicial, quando o professor se apresenta na instituição escolar. Ela está vinculada ao acompanhamento do professor iniciante, realizado pela gestão escolar, de modo que ele tenha condições de aprender as atividades básicas docentes, administrativas e pedagógicas e, daí, avançar rumo à consolidação das práticas educativas de melhores resultados para os alunos.

A professora Ana relata a relevância da organização administrativa, pedagógica e do acompanhamento da gestão escolar do trabalho desenvolvido pelos professores, especialmente os iniciantes, com foco na orientação clara e de fácil entendimento:

> Em 2020, recebi uma formação excelente, no início do ano recebemos uma apostila chamada "Caderno de orientações" (impressa e encadernada). Nessa apostila, tinha muita informação, como se fosse um roteiro [...]. Eu recebi várias dicas da gestão com a indicação de cursos e livros. Os gestores acreditam no potencial dos professores recém-chegados, sempre orientando ou promovendo formação para serem capazes de desenvolver um bom trabalho (2020).

O acompanhamento precisa partir do básico e, conforme a interação e os conhecimentos já construídos pelo professor iniciante, ir avançando rumo a ações mais elaboradas e complexas. Desse modo, têm lugar as formações coletivas, nas horas de trabalho pedagógico, e as formações mais individualizadas ou em grupos menores reunidos pelas necessidades compartilhadas. Nesse sentido, a professora Célia (2020) afirma: "Fui ensinada por uma amiga professora a montar o semanário [...]. Penso que um professor iniciante deve receber um maior auxílio da gestão, com ações para elaboração e desenvolvimento de atividades pedagógicas".

O envolvimento de todos os membros que atuam na gestão escolar é fundamental para que o acompanhamento seja profícuo e tenha resultados positivos: "A equipe gestora como um todo (diretor, vice-diretor e orientadora pedagógica), davam o apoio necessário para os professores, ajudavam em todos os sentidos, mesmo nesse início muito desafiador [...] era mais fácil lidar e enfrentar com o respaldo de todos" (Ana, 2020).

O acompanhamento perpassa muitos momentos da rotina escolar, mas precisa de intencionalidade e sistematização para que se transforme em um processo. Nesse contexto, a formação é uma das melhores maneiras de propiciar aos docentes situações nas quais possam se efetivar espaços coletivos de reflexão, tendo em vista que "podem representar uma alternativa de apoio para uma iniciação à docência menos traumática, principalmente se ancorados em discussões, em aprendizagens e em investigações sobre a própria prática e sobre a prática de outros professores" (Gama, 2007, p. 59).

Portanto, a equipe de gestão escolar, ao promover momentos significativos de diálogo e participação, cria situações nas quais os professores iniciantes podem se constituir profissionalmente, amparados pelo coletivo, para futuramente imprimir um caráter pessoal a sua profissionalidade. A professora Beatriz exemplifica as ações formativas que a auxiliaram na construção de sua identidade profissional:

> Houve ações de suporte pedagógico e foram de extrema importância para o processo de formação da minha identidade como professora, ações que me ensinaram a fazer um planejamento, uma sequência didática, e ações que ajudaram a esclarecer os meus direitos e deveres como professora, ações que me ajudaram na resolução de conflitos dentro da sala de aula (2020).

O orientador pedagógico (OP) é um dos profissionais citados como de grande apoio ao professor iniciante. A professora Ana relata que, "em alguns dias, após o horário de aula, a OP se propôs a ensinar sobre os documentos (parte burocrática); eu tinha uma sala difícil e ela, sempre disposta a orientar o modo como eu devia proceder" (2020). Ana também reconhece a importância dos momentos coletivos de formação: "Aconteceram reuniões de formação, embora não tenham contemplado todos os aspectos necessários, por questões de tempo. É de extrema importância e teve apoio no sentido de como fazer, quando fazer e porque fazer" (2020).

Dinamizar a reflexão em conjunto dos professores em início de carreira com outros professores mais experientes pode evitar que o docente se isole profissionalmente ou mesmo tenha sua prática limitada por não contar com a ajuda de seus pares (Guarnieri, 2005). Isso porque ensinar é muito mais complexo que apenas colecionar habilidades e técnicas. Momentos formativos não podem ser reduzidos à aprendizagem de novas técnicas ou ao aprimoramento de antigas (Fullan; Hargreaves, 2000). É preciso discutir, refletir e trabalhar em conjunto, buscando o desenvolvimento profissional docente.

Por fim, podemos afirmar que a gestão escolar é fundamental para propiciar a inserção profissional menos traumática dos professores iniciantes. Para isso, é preciso planejar e sistematizar ações de acolhimento, acompanhamento e formação que envolvam os professores tanto na coletividade quanto em ações mais individualizadas, que atendam às especificidades do início de carreira.

Possibilidade formativa de orientadores iniciantes

Inserção profissional do orientador pedagógico

Nesta categoria de análise, destacamos quem são os profissionais que participaram da pesquisa, como chegaram ao cargo e qual o impacto desse vínculo empregatício no desenvolvimento de suas atribuições nas equipes escolares; os principais desafios e descobertas específicos do início de carreira; os fatores preponderantes para a permanência na função; as relações formadoras e de fortalecimento que se estabelecem entre os orientadores pedagógicos iniciantes, experientes e os demais profissionais que atuam na escola.

Participaram da pesquisa 43 profissionais, sendo que 33 atuavam na prefeitura de Sorocaba e exerciam a orientação pedagógica de forma designada;[3] duas coordenadoras pedagógicas efetivas da rede municipal de ensino de Votorantim; três coordenadoras pedagógicas da rede municipal de ensino de Cabreúva, que atuavam como função de confiança; duas coordenadoras pedagógicas de creche em Sorocaba

---

3. O orientador que atua de forma designada precisa ser professor efetivo e estável na rede municipal de ensino de Sorocaba e ter participado de processo seletivo de títulos e tempo de serviço para exercer temporariamente o cargo de orientação pedagógica.

administrada por meio de contratualização com uma organização da sociedade civil (OSC), conhecida como gestão compartilhada. Os outros três profissionais participantes atuavam na vice-direção de escola, na docência em sala de aula dos anos iniciais do ensino fundamental e na gestão de creche administrada pela OSC na rede municipal de ensino de Sorocaba.

Logo de início, observamos que existe regulamentação diversa de ingresso para atuação na orientação pedagógica, bem como na nomenclatura que especifica a atuação profissional. O mesmo ocorre em relação à existência do cargo de orientador pedagógico ou a sua caracterização como função.

Em relação ao tempo de exercício profissional, específico dos orientadores pedagógicos, constatamos que 28 deles exerciam a orientação pelo período de até um ano; nove atuavam de um a três anos; dois tinham de três a cinco anos de atuação, e um profissional já era experiente, com mais de cinco anos de exercício profissional. Desse modo, é possível afirmar que a pesquisa foi construída com a contribuição de orientadores e coordenadores pedagógicos que, na sua maioria, encontravam-se em início de carreira.

Também compuseram a pesquisa outros profissionais que atuavam em outros cargos na escola, por entendermos a necessidade de que todos os profissionais tenham conhecimento sobre o campo de atuação específico do orientador pedagógico, a fim de que "se crie e fortaleça um espaço delimitado, com atribuições e funções específicas, que seja claro para todos os envolvidos no processo educativo" (Lourenço, 2020, p. 55). Para esta produção, elegemos exclusivamente os dados advindos dos profissionais atuantes na orientação pedagógica.

Foi necessário contextualizar os meios pelos quais os orientadores pedagógicos chegaram a assumir o cargo, pois esses meios têm impacto direto nas relações e na atuação profissional que se desdobram daí. Maria Cristina, orientadora designada na rede municipal de ensino de Sorocaba, aponta a imagem que a designação traz para alguns profissionais:

[...] pois, além dos desafios de uma escola daquele tamanho, não foram poucos os olhares atravessados e palavras de desdém com frases: "O que você está fazendo aqui?"; "Quem você pensa que é?"; "Você não tem qualificação e nem gabarito para me orientar!"; "Você ocupa uma cadeira que não é sua"; "Quem é você mesmo? Ah, já sei. Lembrei. Você é 'designada'. *Nada*, né, então?". Confesso que, muitas vezes, chorei e pensava em desistir, mas, além da promessa que havia feito para aquela diretora maravilhosa, havia um desejo pessoal de "dar conta" (2020).

Na designação, existe a característica de transitoriedade. A qualquer momento, a designação pode ser cessada, a critério da administração ou pelo retorno do profissional titular ao cargo. Ainda que isso não aconteça, o tempo máximo para atuação, a partir da atribuição da vaga, é de um ano letivo. Para o ano subsequente, geralmente no mês de dezembro, ocorre nova atribuição, por ordem de classificação. Portanto, não existe garantia de permanência.

Em Cabreúva, onde a atuação acontece por meio de função de confiança, Max Pierre revela as dificuldades encontradas:

No primeiro HTPC [horário de trabalho pedagógico coletivo], já pensei em desistir, sair correndo daquele cenário. Encontrei um grupo fechado, não aceitavam nada das orientações que eu passava, uma "estranha no ninho" [...] aliás, nem me deixavam falar e, quando começava, já surgiam um milhão de críticas à Secretaria de Educação, ao governo, ao sistema de ensino... se quem estava na governança já esteve algum dia na sala de aula para saber que não é fácil ser professor (2020).

A narrativa da orientadora parece remeter ao movimento de resistência que, na maioria das vezes, traduz um sentimento de desconfiança e a memória de experiências que não foram positivas. Esse fator tem impacto direto na atuação profissional da coordenadora pedagógica, tendo em vista que a forma de ingresso na função pode sugerir, para alguns professores, uma vinculação mais estreita com as políticas de governo, em detrimento de ações compreendidas pelos servidores públicos da área da educação como de maior relevância.

Em Votorantim, a coordenação pedagógica é exercida por meio de ingresso por concurso público. Vejamos o que relata Catarina sobre seu início:

> Posso dizer que pensei em desistir no primeiro mês de exercício como coordenadora pedagógica. [...] cheguei à escola e o que descubro é que estava iniciando sozinha, quando digo sozinha é porque para administrar a escola não tinha nem diretor [...]. Meus primeiros dias foram muito sofridos e peculiarmente diferentes de tudo o que eu podia imaginar como coordenadora (2020).

Observamos que as principais dificuldades de Catarina estavam relacionadas ao desvio de sua função de orientadora pedagógica, em virtude da falta de funcionários e de estrutura de funcionamento na escola de ensino fundamental. Também destaca que estava completamente sozinha. Não teve apoio, acolhimento e nem orientações que lhe permitissem fazer frente aos desafios que se lhe apresentaram.

Portanto, como evidenciado anteriormente, a forma de ingresso ou de designação para atuação na orientação pedagógica permite maior ou menor grau de expectativas nos demais sujeitos da equipe escolar em relação à continuidade dos processos formativos e do desenvolvimento das ações de construção e fortalecimento do projeto pedagógico da escola. Isso tende a assumir formatos de abertura e parceria, ou configurações mais fechadas, entendidas muitas vezes como resistência, mas que podem, como aponta a orientadora pedagógica Benedita, traduzir um movimento de sobrevivência também por parte de professores e diretores.

> Encontrei as escolas bem desmotivadas, porque cheguei no fim de fevereiro. Já tinham passado nos anos anteriores várias OPs e a equipe já me questionou se eu ia ficar. Estavam com atividades atrasadas, porque aguardavam: "Como fazer?"; "Para quem fazer?"; "Vou fazer como era ou de um jeito novo (de novo)?"; "Vai ter alguém para orientar?"; "Como será o método de trabalho deste ano?" (2020).

Entendemos que tanto os orientadores pedagógicos quanto os professores e demais profissionais que atuam na escola sentem o impacto da forma como a política pública se efetiva nos entes federados, de modo particular nos municípios. Cabe sinalizar neste espaço que, tendo o orientador pedagógico a atribuição de atuar nas dimensões articuladora, formadora e transformadora (Placco; Souza; Almeida, 2015), os impactos dessa desestruturação dos sistemas de ensino ou de formas reguladoras que não promovem a construção da profissionalidade docente e o desenvolvimento profissional dos orientadores pedagógicos têm desdobramentos no atendimento de bebês, crianças, adolescentes, jovens e idosos, visto que a Educação de Jovens e Adultos é uma modalidade da educação básica.

É necessário priorizar a educação brasileira como um projeto de nação. Para tanto, a estruturação dos sistemas de ensino precisa ser planejada com base nas necessidades apontadas pelos profissionais da educação, com a efetivação, a formação e o acompanhamento de profissionais do quadro do magistério e também de apoio administrativo (secretário de escola, inspetor de alunos, auxiliar de educação) que possibilitem o funcionamento da escola sem provocar desvio de função, sobrecarga de atividades e precarização do trabalho docente.

Como já afirmamos, o início de carreira é marcado por dois grandes momentos bastante característicos: as crises e as descobertas (Huberman, 2000). Podemos destacar que os principais desafios enfrentados pelos orientadores que se iniciam na função é a realidade encontrada nas escolas que assumem. Geralmente, são vagas remanescentes, após as escolhas dos orientadores com mais tempo de atuação profissional.

Podemos retomar aqui as frases "nade ou afunde" e "aterrisse como puder", de Marcelo (2010), que, ao estudar o início da carreira dos professores, evidencia que as escolas de maior complexidade e com desafios maiores são destinadas aos professores iniciantes, fato que contrasta com outras profissões, como a medicina e a engenharia, por exemplo. As narrativas de alguns orientadores pedagógicos nos permitem adentrar a realidade na qual eles exercem as suas atribuições. Maria

Cristina apresenta as especificidades da escola de ensino fundamental na qual iniciou suas atividades:

> Havia acabado de sair do estágio probatório na educação infantil, sem nenhuma experiência e uma formação inicial deficiente, que apenas habilita, mas não forma para os problemas que enfrentaremos. Logo em meu primeiro ano de orientação pedagógica, assumi uma escola com muitas turmas, entre educação infantil, ensino fundamental e oficina do saber. Ao chegar à escola, o medo, a ansiedade e a angústia me dominavam, pois simplesmente "fui atribuída" em um dia e iniciaria no outro sem nenhuma instrução apropriada (2020).

O depoimento de Flor permite conhecer a atuação do orientador pedagógico de educação infantil que precisa exercer suas atribuições em duas instituições escolares e lidar com os desafios que se evidenciam no contexto de atuação e na concepção que o diretor de escola tem a respeito do papel e do trabalho do orientador pedagógico:

> [...] o fato de ter duas escolas[4] me levou a duas situações diferentes. Enquanto uma, de certa forma, me deu carta branca, mas carta branca mesmo, porque não tinha orientação nenhuma do que fazer lá – foi uma carta branca assustadora –, a outra já não deu. A outra já disse: "Olha, eu vou sentar com você e eu vou dizer, aqui a gente faz assim, assim, assim. Eu quero que a gente tenha esse alinhamento, eu quero que a gente fale a mesma coisa, porque em momento nenhum os funcionários, o grupo de professores, de auxiliares, podem perceber que a gente não tem controle da situação". [...] nesta semana, a gente recebeu aquela orientação de trabalho remoto e ninguém disse como é que faz. Só deu uma lista lá, e assim a gente foi deduzindo. E aí eu disse pra uma diretora: "Como você pensa em fazer?"; "Ah, não, você tem carta branca, pode fazer do seu jeito". E eu [pensei] [...] "Ai, que jeito? Eu não sei qual é o meu jeito, porque é tudo muito novo!" (2020).

---

4. Na prefeitura de Sorocaba, geralmente, os orientadores pedagógicos atuam em duas escolas de educação infantil.

A realidade da escola é complexa e dinâmica; por isso, demanda respostas imediatas para algumas situações urgentes. No entanto, quando o orientador pedagógico deixa a docência em sala de aula e passa a atuar em um cargo diferente daquele que tinha, é necessário que se discutam as especificidades da orientação pedagógica e as diferenciações em relação aos demais cargos. Essa singularidade da atuação do orientador pedagógico ainda não é bem delimitada, mas muitos estudos contribuem para que possamos ampliar nossa compreensão sobre a questão.

Assumimos a formação de professores como o centro da atuação profissional do orientador pedagógico. Para tanto, é preciso tempo para planejar, promover processos dialógicos e colaborativos de trabalho junto com os professores, sistematizar ações que contribuam para a consolidação do projeto político-pedagógico da escola, mas o orientador pedagógico em início de carreira não tem condições de fazer frente a essa demanda apenas com base em condições estruturais: tempo, espaço e recursos. Ele também vivencia um processo de construção de si como profissional que é diferente do professor e, ainda que a experiência de docência em sala de aula seja um dos requisitos para o cargo, ela não supre todas as exigências da especificidade da orientação pedagógica.

Nesse sentido, Flor alerta que a "carta branca" pode ser assustadora. É preciso estabelecer uma parceria que permita construir seu jeito de ser orientador pedagógico baseado em experiências desenvolvidas de forma colaborativa. O diretor, nesse cenário, tem um papel de destaque que, na maioria das vezes, também se constitui como incentivo para a permanência do orientador pedagógico na função.

Muitas relações são tecidas no exercício profissional do orientador pedagógico: entre os próprios orientadores pedagógicos iniciantes – em que compartilham inseguranças, medos, incertezas, crises e descobertas específicas do período de início de carreira; entre os orientadores pedagógicos experientes e os iniciantes – que compartilham aspectos do exercício profissional balizado pelas atribuições do cargo e sobre as formas de enfrentar os desafios da profissão; entre os professores experientes e os orientadores pedagógicos – que podem se constituir como relação de contraposição ou de parceria; entre os professores iniciantes

Professores iniciantes e processos de indução | 177

e o orientador pedagógico – que geralmente se configuram como de maior solicitação de ajuda por parte dos primeiros, que, muitas vezes, se veem perdidos na gestão da sala de aula, no atendimento aos pais, nos instrumentos e registros sobre o percurso escolar do aluno.

Ainda que todas essas relações sejam de primeira grandeza, destacamos a importância do vínculo que se estabelece entre o diretor e o orientador pedagógico – os dois atuam no mesmo espaço, com os mesmos profissionais, na mesma comunidade e estão envolvidos na construção de um mesmo projeto de escola. Essa relação é enriquecedora, pois o diretor se aproxima e estabelece essa parceria com o orientador. Propõe possibilidades, apresenta novas formas de interpretar a realidade, ajuda na consolidação de processos de trabalho e, gradativamente, vai ampliando a autonomia do orientador pedagógico, delegando mais responsabilidade, incentivando a criatividade e a experimentação, promovendo a superação dos desafios. É um processo de aprendizagem compartilhado. Essa aproximação do diretor com o orientador pedagógico compõe um movimento que poderíamos denominar de acolhimento.

Papel da rede no processo de inserção dos orientadores pedagógicos

Nesta categoria, destacamos dois movimentos que demonstram a importância da institucionalização do processo de inserção profissional e do acompanhamento dos orientadores pedagógicos iniciantes. O primeiro é o da necessidade declarada pelos orientadores pedagógicos e o segundo é a valorização dos espaços formativos de diálogo sobre o período de início de carreira e da especificidade da orientação pedagógica.

Os orientadores declaram angústias, inseguranças, medo e descobertas que vivenciam nesse período inicial de atuação profissional. Elis apresenta sua reflexão sobre a dificuldade de encontrar as diretrizes e as possibilidades de atuação nesse início: "Quando eu peguei [a vaga] pensei na loucura que talvez tivesse feito [...] eu me perguntava: o que fazer? Por onde começar? Como posso contribuir para orientar corretamente a equipe escolar?" (2020).

Fernanda define a brusca mudança e as diferenças significativas entre a atuação profissional do professor e do orientador pedagógico usando a frase "e assim fui dormir professora e acordei orientadora pedagógica" (2020). Para Tereza, ainda que tivesse ideia de que a atuação do orientador é complexa, ao exercer tal função, destaca a dificuldade e a falta de estruturação para apoiar o profissional iniciante:

> Quando chegamos em uma escola diferente, saímos do nosso refúgio, onde estamos protegidos por conhecermos como funciona, e entramos em um conflito gigantesco. [...] Sempre soube que o trabalho de uma orientação pedagógica não era fácil, mas nunca imaginei ser tão difícil quanto é. Vamos aprendendo a cada dia e buscando novas parcerias de trabalho para sustentar os nossos desafios. Falta uma estruturação, um apoio entre os pares, e buscamos ajuda para as preocupações e dificuldades nos pares mais próximos ou, muitas vezes, em experiências vividas na carreira de professora (2020).

Ane reflete sobre a importância da socialização, da discussão com os pares, do pertencimento e do acolhimento para que seja possível compartilhar situações sensíveis percebidas pelos profissionais: "[...] ver que a insegurança que eu tinha [...] não era só minha. Compartilhar essas angústias, medos e desafios foi extremamente acolhedor [...] para que nos sentíssemos à vontade para nos expor, porque não é uma tarefa fácil colocar para fora o que está em nós" (2020).

As orientadoras contam sobre seus primeiros passos na orientação pedagógica, desde o momento em que decidiram assumir a designação (Elis); tratam do momento subsequente ao ato formal que as designou como orientadoras pedagógicas e constatam que, apesar de terem assumido outro cargo, seus conhecimentos, suas experiências e seus saberes permaneceram os mesmos, ainda que a ansiedade e as expectativas fossem bastante diferentes (Fernanda); revelam também a chegada a outro espaço físico, na maioria das vezes desconhecido, onde estão expostas, sem o domínio da linguagem não verbal que perpassa a comunicação humana (Tereza); por fim, reafirmam seus sentimentos de insegurança e medo e os desafios que tão bem Marcelo (2010) evidenciou

Professores iniciantes e processos de indução | 179

em relação aos professores, já que a realidade vivida pelos orientadores pedagógicos não se distancia significativamente daquela dos professores em início de carreira (Ane).

Por meio das avaliações dos participantes, podemos observar que algumas descobertas foram oportunizadas pela Atividade Curricular de Integração Ensino, Pesquisa e Extensão (Aciepe/UFSCar), vinculada à pesquisa desenvolvida por Lourenço (2020). Os orientadores pedagógicos declaram a importância da institucionalização de espaços dialógicos compartilhados pelos profissionais iniciantes e também apontam algumas de suas descobertas.

Segundo Gabriela, os encontros ensejaram perspectivas para o exercício profissional:

> Esses encontros têm me ajudado no desempenho das minhas atividades que envolvem a orientação. Estou me reinventando, estudando muito e aprendendo demais. A experiência de estar fora da sala de aula e a formação de professores são duas coisas que me assustam, mas ao mesmo tempo me agradam (2020).

A possibilidade de exercer a orientação pedagógica baseada em relações mais colaborativas de trabalho foi apontada por Maria Cristina como uma das descobertas:

> [...] com o apoio do coletivo, das leituras e do depoimento dos colegas, encontrei no grupo um caminho para ocupar um espaço não de hierarquia, mas de parceria com minhas equipes [...] uma rotina de estudos para alinhamento de teoria e prática para desenvolver um trabalho de qualidade que respeite as singularidades da infância (2020).

Clívia destaca a importância de buscar a profissionalização para atuar na orientação pedagógica:

> [...] ao participar dessa formação, ficou ainda mais forte esse entendimento e isso me fez refletir sobre o que faço, como faço e

para quem faço e, a partir dessas constatações, vejo que preciso me profissionalizar, buscar conhecimentos, continuar aberta ao novo, aos desafios, porém, sem perder a afetividade humana, porque acolher também é um ato de aprendizagem, um ato educativo (2020).

Benedita aponta a importância da realização profissional. Ainda que desenvolvesse as atribuições do cargo antes de participar da Aciepe, a orientadora afirma que, após a socialização e discussão entre os pares, sente-se feliz no desenvolvimento do seu trabalho: "[...] um ponto fundamental é valorizar o papel e a participação de cada um da equipe. [...] Eu fui capaz de ser *orientadora pedagógica*, mas... ser feliz como OP foi só após a Aciepe" (2020, grifo da orientadora pedagógica).

A análise das avaliações permite afirmar que a garantia de um espaço formativo, dialógico, que incentiva a participação e promove vínculos positivos entre os participantes contribui significativamente para a saída do isolamento e a constatação de que, em outras escolas, orientadores pedagógicos vivenciam situações muito semelhantes. Depois dessa identificação, o compartilhamento de experiências permite a ampliação das formas de ver, sentir e agir dentro daquela realidade. Outro ponto importante a ser destacado é a ampliação do referencial teórico que aborda questões relevantes para os orientadores pedagógicos. Além de conhecer um pouco mais sobre a função, a especificidade do período de início de carreira, o orientador pedagógico também aponta para a necessidade da profissionalização e da busca pelo desenvolvimento profissional, que se caracteriza como um processo contínuo que se desenvolve durante toda a vida, no esforço por conhecer, dialogar, refletir e agir.

Portanto, afirmamos que tanto a direção da escola quanto as redes de ensino desempenham papel decisivo na inserção profissional dos orientadores pedagógicos: a direção da escola, no acolhimento, acompanhamento e compartilhamento das ações administrativas e pedagógicas que estabelecem na escola junto com o orientador pedagógico, de modo que, gradativamente, ele apreenda a função e consiga se afirmar profissionalmente. As redes de ensino, na institucionalização do processo de inserção profissional, garantindo um espaço formativo, dialógico e colaborativo alinhado à especificidade do início de carreira.

Benedita aponta um fator de grande importância para todos nós, formadores de professores, o encontro com a felicidade, a realização no desempenho da atividade profissional. Esse encontro com a felicidade se contrapõe ao sentimento de frustração registrado no início da Aciepe. É a compreensão da realidade que permite identificar possibilidades de ação por meio das quais os orientadores pedagógicos constroem sua profissionalidade e, de forma recíproca, contribuem para a profissionalização dessa categoria.

O início da carreira dos profissionais do magistério na rede municipal de Sorocaba

A segunda etapa possibilitou um olhar para as aproximações e os distanciamentos dos resultados sistematizados nas categorias analíticas das duas pesquisas e deflagrou um movimento integrativo, expresso no Quadro 1.

Quadro 1 – Síntese integrativa dos resultados das pesquisas

Iniciantes	Professores	Orientadores
Características da inserção profissional	**Dificuldades** Desafios da gestão de aula, receios, angústias e medos.	**Dificuldades** Forma de ingresso, angústia, medos, inseguranças, dificuldades em diferentes aspectos.
	Choque de realidade Percepção da responsabilidade da profissão.	**Choque de realidade** Experiência como docente não é suficiente; a função diverge da imagem que se faz do cargo.
	Descobertas Início de aproximações com elementos de engajamento na inserção profissional.	**Descobertas** Nas relações positivas profissionais, há possibilidades para a atuação profissional; promotores de diálogo e ações coletivas e intersetoriais; membros de uma equipe ampliada para a construção das soluções dos desafios encontrados.
Possibilidades formativas	**Escola/gestores** Recepção e acolhimento, acompanhamento, formação específica para iniciantes.	**Direção de escola** Recepção, acolhimento e desenvolvimento de ações compartilhadas e colaborativas de planejamento, execução e avaliação; formação no exercício das atribuições profissionais.
		Rede de ensino Institucionalização do processo de inserção profissional; formação específica para os profissionais iniciantes.

Fonte: Elaboração própria (2022).

É possível observar muitos pontos de interseção nos resultados alcançados por cada uma das pesquisas. Ao tratar das dificuldades do processo de inserção profissional, tanto os professores quanto os orientadores pedagógicos evidenciam sentimentos como medo, insegurança, angústia e ansiedade para realizar a gestão de uma sala de aula – no caso dos professores – ou a gestão dos professores e de outros profissionais que atuam na escola, especialmente no que se refere à formação e às orientações a serem realizadas – no caso dos orientadores pedagógicos.

Essa situação pode estar vinculada à ideia construída durante muito tempo de que o professor deve estar pronto ao concluir sua formação inicial e se contrapõe aos estudos mais recentes na área da educação, nos quais o processo de desenvolvimento profissional é concebido como um *continuum* que se realiza no decorrer de toda a vida profissional (Nóvoa, 2022). Podemos apontar que a primeira concepção está vinculada ao ato formal materializado por um diploma ou curso que seja requisito para a atuação como docente em sala de aula ou como orientador pedagógico. Desse modo, a ideia predominante seria a de que o profissional que dispõe dos requisitos para ocupar o cargo deve dominar os conhecimentos necessários para a atuação profissional.

Contudo, como demonstrado pelos profissionais participantes das pesquisas, o domínio das atribuições do cargo vai acontecer no entrelaçamento da teoria com a prática, na reflexão sobre os processos desencadeados e os resultados alcançados, numa relação dialógica, dinâmica e complexa que necessita de um parceiro mais experiente, um profissional que compreenda a realidade vivenciada e consiga estabelecer pontes entre aquilo que se é profissionalmente no início de carreira e o vir-a-ser que se anuncia. Encurtar essa distância é responsabilidade interinstitucional: das universidades, redes de ensino e instituições educacionais.

Considerações finais

Ao analisar a síntese integrativa nos interrogamos: o que cabe à escola, aos gestores, à rede pública e às universidades?

As universidades têm muito a contribuir para a consolidação dos processos de institucionalização da formação dos profissionais em início de carreira, seja na relação com a formação inicial, no estudo da temática, na observação e reflexão potencializada pela realização do estágio obrigatório nos cursos de graduação, seja pelas ações de extensão e parceria com as redes de ensino da educação básica.

Por se configurarem como lócus privilegiado de investigação e produção científica cada vez mais interligado com a escola de educação básica, as universidades têm construído no decorrer das últimas décadas um acervo significativo de produções acadêmicas que evidenciam conhecimentos sobre início de carreira, processo de inserção e indução profissional e resultados de experiências como o Programa Institucional de Bolsa de Iniciação à Docência, o Programa Residência Pedagógica e os programas de indução e/ou acompanhamento dos iniciantes.

Nessa ação colaborativa entre universidades, redes de ensino e instituições escolares, é possível estabelecer um espaço de formação e desenvolvimento profissional que una a formação inicial na relação com o espaço de exercício profissional e o acompanhamento e a mentoria exercidos por profissionais experientes que possam contribuir para o processo de tornar-se professor e orientador pedagógico.

No caso do orientador pedagógico, poderíamos acrescentar à formação inicial a reflexão sobre a experiência docente na relação com as atribuições específicas do orientador pedagógico, investigar em que medida a experiência em sala de aula contribui para o enfrentamento e a superação das demandas da atuação profissional. Para tanto, cabe pensar em quem forma o formador.

Uma possibilidade para que a formação continuada seja profícua é identificar as necessidades e os interesses dos profissionais do quadro do magistério e pautá-los em movimentos formativos sistematizados. A parceria com as universidades pode ser um dos caminhos mais positivos.

Ao formar os profissionais do magistério que integram os sistemas de ensino, tanto os iniciantes, por meio de formação específica a ser desenvolvida logo no período de ingresso, quanto os experientes, de modo a dar visibilidade à importância do período de início de carreira e aos desdobramentos e impactos provocados pela forma como essa experiência é elaborada pelos profissionais, é possível apontar as responsabilidades das instituições educacionais, concretizadas pelos gestores escolares.

No que tange às instituições educacionais, o diretor de escola tem um papel de destaque, que poderá fortalecer as descobertas, concebidas como pontos positivos que incentivam a permanência do profissional no cargo. Tanto os professores quanto os orientadores pedagógicos identificam na recepção e no acolhimento elementos importantes para esse período. No caso dos professores, os orientadores pedagógicos também desempenham um papel fundamental na constituição de relação de parceria e colaboração que contribui significativamente para a superação dos desafios encontrados.

Os gestores escolares que já participaram da formação oportunizada pelo sistema de ensino terão melhores condições de compreender as características do processo de início de carreira e contribuir positivamente com os iniciantes. A instituição educacional apresenta uma característica peculiar em relação aos demais espaços institucionais: é na escola que a palavra do profissional iniciante poderá ser ouvida, refletida e considerada no contexto em que se efetiva. Dialogar na escola é dizer dos desafios e dificuldades reais na forma em que se apresentam. É viver a profissão na concretude do cotidiano, na imprevisibilidade das urgências que se apresentam e buscar soluções que, à primeira vista, lhe pareçam mais adequadas. Para que esse movimento seja vivenciado plenamente, é necessário que o profissional, ao mesmo tempo em que se sente amparado, também tenha confiança suficiente para se arriscar, criar e buscar novas soluções para antigos problemas.

Por fim, destacamos a necessidade das parcerias entre pares. Nas instituições educacionais, as parcerias entre os professores, seja entre iniciantes, seja entre iniciantes e experientes, é possível e indicada. Já com os orientadores pedagógicos, as parcerias entre pares só são possíveis quando possibilitadas pelos sistemas de ensino, pois, ainda que a escola disponha de mais de um orientador pedagógico – fato não muito comum –, ainda assim a quantidade de profissionais seria pequena, proporcionando uma experiência mais localizada e restrita àquele contexto. É essa via complexa, dinâmica e interinstitucional que propomos para o fortalecimento de programas e ações que possam subsidiar os profissionais em início de carreira.

Referências

CRISTOVÃO, E. M.; FIORENTINI, D. Narrative research in the study of the learning of mathematics teachers in hybrid collaborative university-school spaces. *Sisyphus. Journal of Education*, v. 9, n. 2, p. 34-60, 2021.

FULLAN, M.; HARGREAVES, A. *A escola como organização aprendente (buscando uma educação de qualidade)*. Porto Alegre: Artmed, 2000.

GAMA, R. P. *Desenvolvimento profissional com apoio de grupos colaborativos: o caso de professores de matemática em início de carreira*. 2007. Tese (Doutorado em Educação: Educação Matemática) – Universidade Estadual de Campinas, Campinas, 2007.

GUARNIERI, M. R. O início da carreira docente: pistas para o estudo do trabalho do professor. *In*: GUARNIERI, M. R. (org.). *Aprendendo a ensinar: o caminho nada suave da docência*. 2. ed. Campinas: Autores Associados, 2005.

HALL, S. *A identidade cultural na pós-modernidade*. 12. ed. Rio de Janeiro: Lamparina, 2015.

HUBERMAN, M. O ciclo de vida profissional dos professores. *In*: NÓVOA, A. (org.). *Vida de professores*. 2. ed. Porto: Porto, 2000. p. 31-61.

LOURENÇO, D. de A. P. *Orientador pedagógico iniciante: inserção profissional e saberes necessários à atuação*. 2020. Dissertação (Mestrado em Educação) – Universidade Federal de São Carlos, Sorocaba, 2020.

MARCELO, C. *Formação de professores: para uma mudança educativa*. Porto: Porto, 1999.

MARCELO, C. O professor iniciante, a prática pedagógica e o sentido da experiência. *Revista Brasileira de Pesquisa sobre a Formação Docente*, Belo Horizonte, v. 2, n. 3, p. 11-49, ago./dez. 2010. Disponível em: http://formacaodocente.autenticaeditora. com.br. Acesso em: 16 jun. 2022.

MORETTI, V. M. *Possibilidades de ações da gestão escolar para a inserção profissional dos professores dos anos iniciais*. 2021. Dissertação (Mestrado em Educação) – Universidade Federal de São Carlos, Sorocaba, 2021.

NÓVOA, A. Os professores e as histórias da sua vida. *In*: NÓVOA, A. (org.). *Vida de professores*. Porto: Porto, 1992.

NÓVOA, A. (colab. ALVIM, Y). *Escolas e professores: proteger, transformar, valorizar*. Salvador: SEC/IAT/Empresa Gráfica do Estado da Bahia-EGBA, 2022,

p. 116. Disponível em: https://rosaurasoligo.files.wordpress.com/2022/02/antonio-novoa-livro-em-versao-digital-fevereiro-2022.pdf. Acesso em: 16 jun. 2022.

PLACCO, V. M. N. de S.; SOUZA, V. L. T.; ALMEIDA, L. R. Retrato do coordenador pedagógico brasileiro: nuanças das funções articuladoras e transformadoras. *In:* PLACCO, V. M. N. de S.; ALMEIDA, L. R. (org.). *O coordenador pedagógico no espaço escolar: articulador, formador e transformador.* São Paulo: Loyola, 2015. p. 9-24.

SILVA, M. C. M. O primeiro ano de docência: o choque com a realidade. *In:* ESTRELA, M. T. (org.). *Viver e construir a profissão docente.* Porto: Porto, 1997.

8
CASO DE ENSINO COMO ESTRATÉGIA METODOLÓGICA NA FORMAÇÃO DE FORMADORES DE PROFESSORES INICIANTES

Lisandra Marisa Príncepe
Rodnei Pereira
Walkiria de Oliveira Rigolon
Laurizete Ferragut Passos

Diego não conhecia o mar. O pai, Santiago Kovadloff, levou-o para que descobrisse o mar. Viajaram para o Sul. Ele, o mar, estava do outro lado das dunas altas, esperando. Quando o menino e o pai enfim alcançaram aquelas alturas de areia, depois de muito caminhar, o mar estava na frente de seus olhos. E foi tanta a imensidão do mar, e tanto o seu fulgor, que o menino ficou mudo de beleza. E quando finalmente conseguiu falar, tremendo, gaguejando, pediu ao pai: – Me ajuda a olhar!
Galeano (2016, p. 15)

Introdução

Iniciamos este capítulo com um excerto de um conto de Eduardo Galeano para fazer referência à importância de planejar formas mais adequadas de promover a inserção de professores nas escolas brasileiras. Para tanto, defendemos a necessidade de oferecer uma atenção específica para os muitos Diegos que iniciam a docência e se veem diante de um rol imenso de responsabilidades, ficando, por vezes, imobilizados, diante dos desafios que envolvem o trabalho docente e precisam de ajuda para conseguir refinar o olhar, compreender o funcionamento da escola e da rede de ensino, organizar o trabalho didático-pedagógico, manejar a sala de aula, engajar os estudantes com a escola e com o conhecimento, atender aos pais, trabalhar coletivamente com seus pares, podendo, assim, apropriar-se da cultura profissional docente.

Entendemos que cabe à equipe gestora, e sobretudo à coordenação pedagógica (CP)[1] de cada escola, fazer o papel de Santiago Kovadloff: ajudar a olhar, ou seja, apoiar os professores iniciantes, ajudando-os a enfrentar os desafios da profissão, potencializando seu processo formativo.

A formação de professores para atuação na educação básica é uma preocupação que permeia os debates de diferentes esferas e atores sociais que entendem a educação como uma das pontes para a diminuição das desigualdades. Especialmente no Brasil, conforme apontou Merseth (2020, p. 9), "o panorama educacional de hoje apresenta fraturas e fissuras, divisões e depressões em relevância maiores do que nunca". Para a pesquisadora, a pandemia da Covid-19 escancarou com grande crueza as desigualdades que já existem há muito tempo nos sistemas educacionais e, diante do grande desafio de formar as novas gerações,

---

1. Neste texto, referimo-nos às coordenadoras pedagógicas no feminino, pois, além de a maioria das participantes da pesquisa serem mulheres, segundo afirmam Placco, Almeida e Souza (2011), a coordenação pedagógica é exercida majoritariamente por mulheres no Brasil.

ela lembra que os professores são o recurso mais importante que temos para enfrentá-lo.

Todavia, muitas críticas têm sido feitas à formação inicial, que não está preparando adequadamente o futuro docente para a defrontação com os desafios e as tarefas que se impõem à escola nos dias atuais (Gatti; Nimes, 2009), e essa questão coloca em evidência muitos aspectos relacionados ao ciclo formativo pelo qual um indivíduo passa até assumir uma sala de aula e que deve ser considerado para pensar a formação de professores ao longo da vida.

Desse modo, adotamos aqui a ideia de desenvolvimento profissional docente (DPD), que comporta quatro etapas (Vaillant; Marcelo, 2012): as *aprendizagens "informais"*, que acontecem por meio da observação durante a trajetória escolar, tanto na educação básica quanto no ensino superior, períodos nos quais os estudantes formam representações, crenças e imagens sobre o ensino; o *curso de licenciatura*, que é fundamental para iniciar o desenvolvimento de conhecimentos, habilidades, atitudes e valores científicos e profissionais de forma sistematizada; o *início na carreira docente*, ou seja, o período que marca a entrada no campo profissional, que é específico e tem características próprias; e a *formação permanente ou continuada*, que vai acompanhar toda a história dos professores ao longo do seu itinerário.

Dessa perspectiva, concordamos com Day (2001), quando explica que o DPD dos professores depende de suas trajetórias de vida (pessoais e profissionais) e de formação, bem como das políticas, das condições e dos contextos nos quais realizam seu trabalho. Por isso, apostamos na CP como uma profissional que pode apoiar e acompanhar os docentes iniciantes, zelando pelo seu DPD ao longo da carreira.

Em uma revisão de literatura recente, Almeida *et al.* (2020) apontaram que houve um aumento considerável de estudos sobre os docentes iniciantes e os processos de inserção profissional de professores iniciantes, especialmente a partir de 2014. As pesquisadoras identificaram nas produções analisadas, entre outros aspectos, o interesse pelo estudo com egressos de programas públicos de iniciação à docência na formação inicial, com destaque para o Programa Institucional de Bolsas de Iniciação à Docência e as ações de formação continuada para professores iniciantes, propostas em secretarias estaduais e municipais de educação, além de pesquisas, em menor número, que "tratam das relações entre a formação inicial e a inserção profissional e, também, estudos sobre as necessidades formativas tanto daqueles que ingressam na docência como dos mentores" (*ibid.*, p. 18).

Apesar do crescimento constatado na referida revisão, ainda é reduzido o número de estudos que analisam as potencialidades de ações e práticas de apoio ao professor iniciante, assim como de políticas de indução. Nesse sentido, as autoras apresentam algumas recomendações. Duas delas estão relacionadas ao tema aqui proposto: a primeira se refere à viabilização de apoio institucional ao professor iniciante nas escolas, aliado a programas e políticas de iniciação/inserção; e a segunda, à formação e ao reconhecimento da figura da CP como sujeito representante da rede de ensino mais próximo do professor que está se iniciando na docência e que pode promover um acolhimento e acompanhamento nesse período, haja vista sua atribuição principal de formadora de professores (Placco; Almeida; Souza, 2011; Pereira, 2010, 2017).

Este capítulo, ao destacar a questão do apoio institucional, considerará a CP como a responsável direta pelos processos de acompanhamento dos professores que se iniciam na docência, o que demanda um percurso formativo específico para essa profissional. Com base nessa proposta de formação das CPs, o objetivo do texto foi discutir as potencialidades de um caso de ensino para sensibilizá-las quanto à importância do acolhimento, do acompanhamento e da formação de professores iniciantes, no contexto de uma pesquisa-formação em coprodução, realizada pelos três primeiros autores, com supervisão da quarta autora. Tal pesquisa está alocada no projeto "Processos de indução a professores na escola de educação básica: o que cabe à escola e à Secretaria Municipal de Educação?".

Nesse sentido, ao nos referirmos às CPs, concordamos com André e Vieira (2012, p. 14), que esclarecem que "o coordenador pedagógico [...] também é um docente e desenvolve suas atividades junto com os professores, com o propósito bem claro de favorecer o processo de ensino e aprendizagem no espaço escolar". Para tanto, ele também precisa ter a oportunidade de aprimorar seu desenvolvimento profissional e constituir experiências coletivas que o ajudem a refletir criticamente sobre todos os aspectos que envolvem seu trabalho no campo da formação de professores e aprender novas estratégias e formas de atuação.

Tal discussão é relativa, portanto, a uma iniciativa de sensibilização da CP para a pauta da indução profissional, que, segundo Cruz, Farias e Hobold (2020), se refere ao processo de acompanhamento do professor iniciante durante sua inserção profissional. As autoras citam Marcelo (1999, 2009), destacando a defesa que esse pesquisador faz da sistematização do acompanhamento ao trabalho do docente iniciante, a fim de contribuir para reduzir o peso das dificuldades e "fazer com que os iniciantes se convençam de quão importante é a adesão a um processo contínuo de desenvolvimento profissional" (André, 2012, p. 115-116).

Considerando tal perspectiva, a noção de que a principal atribuição da CP é realizar a formação continuada de professores (Pereira, 2010) justifica a importância de que esse profissional planeje e promova ações comprometidas com o desenvolvimento profissional docente, com o apoio da equipe gestora. Observamos, assim, que havia campo fértil para que realizássemos ações formativas destinadas às CPs que participaram do estudo e cujos depoimentos foram considerados na análise feita adiante.

Este estudo faz parte de um subprojeto realizado com a Secretaria de Educação do município de São Paulo e que tem como intento provocar iniciativas de indução de professores iniciantes realizadas pelas CPs, que são responsáveis diretas pela formação continuada de professores, conforme o Decreto n. 54.453/2013:

Art. 10 – O coordenador pedagógico é o responsável pela coordenação, articulação e acompanhamento dos programas, projetos e práticas pedagógicas desenvolvidas na unidade educacional [...].

Art. 11 – São atribuições do coordenador pedagógico:

I – coordenar a elaboração, implementação e avaliação do projeto político-pedagógico da unidade educacional, visando à melhoria da qualidade de ensino, em consonância com as diretrizes educacionais do município;

II – coordenar a elaboração, implementação e integração dos planos de trabalho dos professores e demais profissionais em atividades docentes, em consonância com o projeto político-pedagógico e as diretrizes curriculares da Secretaria Municipal de Educação; [...] (São Paulo, 2013).

O referido decreto prevê 14 atribuições para CPs, mas, no excerto anterior, optamos por destacar somente aquelas que explicitam a ação formadora da CP. Ademais, é importante acentuar que entendemos que, entre as funções destacadas, há potência para o desenvolvimento de ações formativas institucionais que tenham as fases da carreira docente como condicionante quando os projetos pedagógicos das escolas são elaborados, entre outros aspectos, em uma abordagem de DPD, pois, como explica Pereira (2017, p. 107), o processo de desenvolvimento profissional docente "pode ser desencadeado pelas formações realizadas pelo coordenador pedagógico".

Além desses aspectos, cabe explicitar, ainda, que, ao conduzir a formação continuada dos professores em uma perspectiva de DPD, a CP também pode se desenvolver profissionalmente. Em outras palavras, diz Pereira que o desenvolvimento profissional da CP se dá no movimento do desenvolvimento da equipe docente que apoia e acompanha, referindo-se a

[...] um processo que envolve as mudanças, adaptações e, em certa medida, as possíveis transformações que podem ocorrer ao longo da carreira dos professores. Essas transformações dizem respeito ao desempenho na carreira, aos compromissos assumidos, ao envolvimento com a carreira, às maneiras peculiares com que todos e cada um dos trabalhadores da educação constroem suas formas de serem e estarem na profissão. Diz respeito a como alguém pode

194 | Papirus Editora

se tornar mais capaz de desempenhar as atividades concernentes ao ensino, desenvolver habilidades, atitudes, ter expectativas, assumir compromissos. Diz respeito, também, a como os trabalhadores se organizam para viver as experiências profissionais, que carregam tudo o que já foi vivido no passado, mas também devires. Por fim, o desenvolvimento profissional engloba, também, a visão que um profissional tem da própria profissão e das políticas que a constitui como também a capacidade – ou não – de ler e interpretar o contexto no qual a atividade profissional se dá. Nesse sentido, o conceito de desenvolvimento profissional é muito mais amplo que o conceito de formação. Contudo, como defendo uma noção de formação visceralmente articulada à prática, formação e desenvolvimento profissional são conceitos que estão dialeticamente articulados (Pereira, 2017, p. 117).

Com base nesse modo de considerar o desenvolvimento profissional, temos como premissa que a ação formadora da CP pode minimizar os efeitos do choque com a realidade aos quais os professores iniciantes estão suscetíveis.

Aportes teóricos

Entre os estudiosos dos ciclos de vida profissional ou até mesmo entre os autores que estudam a formação e o trabalho docente, não há consenso sobre o recorte temporal que caracteriza a fase de iniciação na carreira. Lima *et al.* (2007, p. 65) fazem uma consideração a esse respeito:

Huberman (1995) considera inicial a fase que se estende até o terceiro ano de profissão; para Cavaco (1995) vai até o quarto ano de exercício profissional; Veenman (1988) argumenta que tal fase se prolonga até o quinto ano; Tardif (2002) defende que esse momento inicial compreende os sete primeiros anos de profissão.

Observa-se que a duração do tempo que pode demarcar o início da docência, a depender da perspectiva teórica ou das pesquisas realizadas pelos estudiosos, abarca os primeiros três, quatro, cinco ou sete anos.

Todos os pesquisadores citados realizaram seus estudos em contextos que não o brasileiro e, portanto, concordamos com Príncepe e André (2019) que, para delimitar o período de iniciação na carreira, é preciso considerar as condições de trabalho do professor, uma vez que, no Brasil, "existe uma grande diversidade de modos de organização e de realização da docência, de acordo com os estados, as regiões e mesmo os municípios" (Tardif; Lessard, 2014, p. 11).

Ainda da perspectiva de Príncepe e André (2019), para definir um período de duração do início da docência, é essencial ponderar situações muito peculiares encontradas nas carreiras brasileiras, como as trocas contínuas de escola e de níveis de ensino; as jornadas de trabalho diferenciadas, que condicionam uma participação maior ou menor em momentos de formação continuada; a própria organização e o tamanho da escola, que trazem muito mais complexidade ao trabalho dos gestores e, talvez, mais impedimentos para o acompanhamento ao professor iniciante; o próprio apoio recebido quando ingressa em uma escola; entre outros fatores ligados às condições de trabalho. Para as autoras:

> Todas essas situações que não são favoráveis ao desenvolvimento profissional vão exigir a constante adaptação do professor e o sentimento de ter que começar de novo, um variado número de vezes. Enquanto o docente não atingir a estabilidade funcional, caracterizada pela escolha de uma sede na qual vai estabelecer uma fixação, ele continuará vivenciando a fase de exploração e lutando pela sobrevivência no trabalho, pela adaptação aos diferentes contextos e níveis de ensino. Por esse motivo, considera-se que o recorte do período que caracteriza o início da docência – a fase de indução – tem, necessariamente, que levar em conta as condições de trabalho que são destinadas aos professores (*ibid.*, p. 76).

Assim, a experiência relativa à aprendizagem da profissão pelos professores que trabalham em situações de precariedade é mais complexa e difícil, como já alertaram Tardif e Lessard (2014, p. 90): "[...] os professores em situação precária levam mais tempo para dominar as condições peculiares ao trabalho em sala de aula, pois mudam frequentemente de escola e defrontam-se com turmas mais difíceis". Igualmente, destacamos que a definição do período de tempo que pode ser considerado "início da docência" depende das condições de carreira e deve levar em conta múltiplos fatores.

As condições de entrada na vida profissional, quando marcadas por situações de precariedade, de precarização com demandas e cobranças cada vez mais exigentes, acabam produzindo nos docentes iniciantes o que Linhart (2014, p. 45-46) denominou de "precariedade subjetiva", ou seja, a instauração, nesses profissionais, de um sentimento de

> [...] não estar "em casa" no trabalho, de não poder se fiar em suas rotinas profissionais, em suas redes, nos saberes e habilidades acumulados graças à experiência ou transmitidos pelos mais antigos, é o sentimento de não dominar seu trabalho e precisar esforçar-se permanentemente para adaptar-se, cumprir os objetivos fixados, não se arriscar física ou moralmente. É o sentimento de não ter a quem recorrer em caso de problemas graves no trabalho, nem aos superiores hierárquicos. [...] É o sentimento de isolamento e abandono. É também a perda de autoestima, que está ligada ao sentimento de não dominar totalmente seu trabalho, de não estar à altura, de fazer um trabalho ruim, de não estar seguro de assumir seu posto.

Assim, os professores iniciantes que não recebem o apoio, o acompanhamento e a formação necessários ficam expostos à precariedade tanto objetiva quanto subjetiva. Dessa forma, temos professores começando a carreira já expostos à corrosão dos laços de solidariedade e a um trabalho coletivo esfacelado, como explica Sennett (2009), o que, por conseguinte, acaba por fragilizar as relações interpessoais na esfera do trabalho. Esse processo pode, ainda, afetar negativamente o trabalho coletivo nas escolas (Thompson, 2015).

Para pensarmos em alternativas para a organização da formação das CPs em relação à indução profissional de professores iniciantes, retomamos os estudos sobre os ciclos de vida profissional de professores empreendido por Huberman (2014), que identificou a primeira fase como de "entrada na carreira", que é caracterizada pela sobrevivência e pela descoberta. A sobrevivência traduz o que Veenman (1988) denominou de *choque do real*, ou seja, quando o professor se depara com uma situação real de trabalho, com toda a sua complexidade, e começa a perceber a distância entre o idealizado enquanto estudante e a realidade da sala de aula.

Contudo, um aspecto que também marca essa fase é a descoberta, que diz respeito ao entusiasmo, à vontade de experimentar, à euforia por ter seus próprios alunos e sentir-se parte de um grupo profissional. Da perspectiva de Huberman (2014), quando a descoberta não consegue fazer frente à sobrevivência, grande parte dos docentes abandona a carreira prematuramente.

A evasão do magistério logo nos primeiros anos de atividade profissional foi apontada em um relatório publicado pela Organização para a Cooperação e Desenvolvimento Econômico (OCDE, 2006), que reuniu dados coletados em 25 países. Ainda a esse respeito, Príncepe (2017) identificou que, de um total de 573 docentes iniciantes em uma rede municipal de educação, 148 (25,8%) pediram dispensa nos dois primeiros anos de atuação. Essa porcentagem corrobora os dados do relatório da OCDE, indicando alta taxa de desistência no início da docência e justificando a necessidade de as redes criarem ações de apoio e acompanhamento, sem esquecer da melhoria das condições de trabalho para reter os professores na docência e favorecer seu DPD.

A não observância de ações fundamentais voltadas para a indução profissional de professores iniciantes incide em um problema político gravíssimo, que, conforme Príncepe (2017), inviabiliza a execução das propostas pedagógicas das redes de ensino e, consequentemente, a qualidade social da educação. Para a autora, o não acompanhamento e apoio diferenciados ao iniciante compromete não só a socialização profissional, mas também a aprendizagem dos estudantes, que "são colocados nas mãos de professores sem as condições necessárias para o desenvolvimento adequado do trabalho pedagógico" (*ibid.*, p. 196).

A fase de entrada na carreira é um período em que o professor iniciante "tem que desenvolver sua identidade como docente e assumir um papel concreto dentro de uma escola específica" (Vaillant; Marcelo, 2012, p. 123). Levando em consideração as características peculiares dos primeiros anos da docência, tal etapa não pode ser secundarizada, uma vez que uma parte da aprendizagem do ser professor ocorre em exercício, num contexto de múltiplas interações, cuja prática traz à tona problemas muito específicos, não generalizáveis e que exigirão muitos conhecimentos, habilidades e disposições ainda não constituídos pelos professores (Príncepe, 2017).

Todavia, diversos autores (Marcelo, 1999; Imbernón, 2006; Day, 2001; Darling-Hammond; Bransford, 2019; Vaillant; Gaibisso, 2016) sublinham o caráter intencional e coletivo dos processos de DPD, reiterando que eles não acontecem espontaneamente, precisam ser sistemáticos, portanto, devidamente pensados em nível de gestão central das redes de ensino e, especialmente, pelas escolas, contexto de atuação profissional do iniciante. Além disso, os autores também concordam com a ideia de que o DPD não acontece de maneira isolada e que é necessário romper com o individualismo para promovê-lo.

Sincronizados com a premissa de que, para ter sucesso na preparação de docentes capazes de enfrentar os desafios da escola atual, a formação docente deve estabelecer as bases para a aprendizagem ao longo da vida (Hammerness; Darling-Hammond; Bransford, 2019, p. 306), e a escola precisaria criar condições de apoio, acompanhamento e aprimoramento profissional. Considerando tais condições e que a CP tem papel fulcral no acolhimento, acompanhamento e formação dos professores, realizamos uma primeira etapa de um trabalho com CP, fazendo uso de um caso de ensino como estratégia metodológica. A tônica dessa ação esteve centrada na perspectiva de favorecer o DPD das CPs para que elas pudessem realizar a sua tarefa formativa em consonância com as necessidades dos professores iniciantes.

Uma importante estratégia metodológica para potencializar o processo de formação de professores tem sido o uso de casos de ensino. Conforme afirma Merseth (2018, p. 13):

A aprendizagem baseada em casos ajuda os profissionais a desenvolver as habilidades de diagnosticar problemas, reconhecer múltiplas influências e perspectivas e se envolver no exercício de sugerir e analisar possíveis soluções. As discussões de casos oferecem aos participantes um ambiente de investigação seguro para "experimentar" novas ideias e abordagens, sem a preocupação de que a aplicação de suas ideias não funcione, e a oportunidade de construir uma compreensão ao ouvir as interpretações e sugestões dos outros.

Por se tratar de um gênero discursivo que toma situações reais vividas nas escolas, consideramos que os casos de ensino podem se converter em potente estratégia metodológica também para a formação de formadores, como é o caso das CPs.

O potencial formativo do caso de ensino, entre outros aspectos, reside no fato de possibilitar a contextualização de situações cotidianas que são vividas em muitas escolas e que, quando tomadas como insumo para a análise crítica, permitem que o formador una teoria e prática, ou seja, casos de ensino bem estruturados ajudam a colocar as práticas educativas no centro da ação formadora, unindo a prática à teoria.

Por isso, consideramos que o trabalho com casos de ensino fomenta a reflexão sobre as interações, os avanços e desafios enfrentados cotidianamente pelos professores iniciantes, haja vista que permite um conhecimento mais objetivo e real dos problemas de diferentes naturezas que configuram o espaço escolar e a sala de aula. Assim, os casos viabilizam a compreensão das CPs sobre os aspectos a serem potencializados e/ou melhorados no que se refere às suas ações durante o período de inserção profissional.

A pesquisa e seus caminhos

Nossa pesquisa teve como objetivo central planejar, organizar e realizar, coletivamente, uma ação formativa com CPs de uma Diretoria Regional de Ensino (DRE), todas atuando na rede municipal de ensino de São Paulo, tendo como foco tanto o levantamento das necessidades formativas das CPs quanto a reflexão relativa às necessidades emergentes.

Realizamos uma pesquisa-formação, que, segundo Pereira (2017), pode ser compreendida como uma modalidade de pesquisação que engloba procedimentos de investigação e de ação formativa, estruturando-se em quatro etapas: 1. diagnóstico de uma situação prática ou problema prático que se quer melhorar ou resolver; 2. formulação de estratégias de ação; 3. desenvolvimento das estratégias e avaliação de sua pertinência; 4. análise da nova situação e repetição dos mesmos passos para a nova situação prática.

Valendo-nos desses princípios, estruturamos os encontros de formação com o grupo de pesquisa, que integra outros pesquisadores, além dos autores deste capítulo, tendo como referência central a pesquisa-formação.

Os encontros tiveram início no segundo semestre de 2019, e aconteciam mensalmente, com carga horária de oito horas. O grupo contava com 38 CPs, que atuavam em escolas que atendiam a diversos segmentos, etapas e modalidades de ensino.

A DRE na qual a pesquisa se realizou é composta por 39 unidades educacionais diretas: 34 Escolas Municipais de Ensino Fundamental (Emef); dois Centros Educacionais Unificados (CEU); dois Centros de Integração de Educação de Jovens e Adultos (Cieja); e uma Escola Municipal de Educação Bilíngue para Surdos (Emebs). A rede parceira contava com 162 Centros de Educação Infantil (CEI).

Diante da pandemia da Covid-19 e dos decretos que instituíram o distanciamento social, a pesquisa teve de ser interrompida em 2020, sendo retomada e concluída no primeiro semestre de 2021, depois de mais de um ano de pausa nos encontros de formação.

Para este capítulo, definimos como objeto de análise alguns dados que foram produzidos ainda no decorrer do primeiro encontro realizado com as CPs, ocorrido, presencialmente, no mês de agosto de 2019.

Nesse encontro inicial, planejamos uma pauta cujo objetivo específico era o de explicitar as finalidades da pesquisa-formação ao grupo, bem como provocar as coordenadoras pedagógicas quanto à necessidade de realizar ações de apoio, acompanhamento e formação aos professores iniciantes nessa fase de entrada na carreira.

Vale a pena ressaltar que, para o planejamento da pauta dos encontros de formação, fez-se necessário definirmos os critérios que serviriam de referência para a organização das reuniões. Tal necessidade se pautava no compromisso que tínhamos de explicarmos, já no começo dos encontros de formação, quais os princípios pedagógicos que seriam defendidos ao longo do percurso formativo. Assim, a estruturação da pauta deveria prever momentos para levantamento de experiências, vivências, saberes e conhecimentos prévios, problematização, contextualização dos temas, sistematização dos temas trabalhados e avaliação de cada encontro.

Além desses princípios, as reuniões se iniciavam sempre com textos literários. Essa estratégia visava dar maior leveza ao trabalho e, ao mesmo tempo, ampliar o repertório das CPs acerca de novos gêneros, autores e textos da esfera literária em verso e prosa.

Quanto às estratégias metodológicas utilizadas nos momentos de formação, procuramos diversificá-las, com o intuito de compartilhar com as CPs outras formas de organizar momentos de formação continuada.

Especificamente no primeiro encontro, a leitura inicial foi *Nasce um escritor*, de Carlos Drummond de Andrade, com o objetivo de instigar as CPs para a atividade seguinte, uma exposição de dados de diferentes investigações sobre o professor iniciante no Brasil.

Logo depois, fizemos a leitura coletiva de um caso de ensino denominado "Os nove trabalhos de Helena: desafios enfrentados em sua inserção na profissão docente".[2] Vale a pena salientar que esse caso

---

2. O caso de ensino e as questões problematizadoras foram elaborados por Lisandra Príncepe, Rodnei Pereira e Walkiria Rigolon. O encontro de formação foi desenvolvido pelas pesquisadoras Laurizete Ferragut Passos, Patrícia Albieri de Almeida, Adriana Teixeira Reis e Ana Lúcia Madsen, integrantes do grupo de pesquisa de São Paulo.

de ensino foi construído tendo como referência uma entrevista realizada com uma professora iniciante para uma pesquisa de doutorado.

O caso continha nove cenas que relatavam o ingresso de uma professora iniciante – Helena – na carreira docente, e descrevia situações inspiradas no conceito de choque com a realidade (Veenman, 1988):

- o modo como aconteceu a opção pela unidade escolar na qual a professora atuaria;
- a descoberta da localização da escola;
- o trajeto até a escola;
- a recepção de Helena pela equipe escolar;
- a chegada à sala de aula de um professor especialista em arte, que interrompeu o planejamento que Helena havia feito para sua primeira aula, em seu primeiro dia de trabalho;
- as dificuldades de lidar com um estudante com deficiência intelectual na turma;
- a primeira reunião de pais que a professora teve de reger;
- a mudança de escola, ao final do primeiro ano como professora; e
- o retorno à primeira escola, em seu terceiro ano como professora.

O caso de ensino foi produzido com base nessas situações e inspirado no mito grego "Os doze trabalhos de Hércules".

A escolha pelo caso de ensino também se deu pela experiência dos pesquisadores com o uso desse gênero discursivo em situações de formação de formadores de professores, e por acreditarem que seu uso como estratégia poderia apoiar o alcance do objetivo previsto para o encontro de trabalho com as CPs. Sobre os casos de ensino, é relevante, também, explicitar que

[...] são situações escolares devidamente registradas, na forma de histórias/narrativas, nas quais os professores em situação de formação podem perceber quais conhecimentos foram utilizados na atividade profissional de um docente, para enfrentar determinados dilemas da profissão, para lidar com alunos com diferentes formas de aprender ou com dificuldades, entre outras situações. Mais que isso, os casos podem servir para discutir ou analisar como tais conhecimentos que os professores possuem sobre as melhores formas de agir foram ou podem ser construídos. [...] Essas histórias de situações escolares têm sido chamadas de casos de ensino (Pereira, 2017, p. 152).

O caso da professora Helena, então, foi escolhido para apoiar as CPs em um exercício de metanálise sobre as situações escolares vividas pela docente. Assim, após a leitura, foi sugerido que as participantes se dividissem em grupos e refletissem sobre as seguintes questões:

- Como você faria o acolhimento de Helena, se fosse CP na escola em que ela se iniciou na profissão docente?
- Quais são as ações que precisam ser garantidas pela rede no acolhimento dos professores iniciantes?
- Quais estratégias poderiam ser colocadas em prática para minimizar os choques sofridos por Helena?

O produto dessas discussões foi tomado como objeto de análise deste capítulo, como se apresentará a seguir.

Avanços conquistados

Um dos primeiros aspectos expostos pelas CPs participantes da investigação se referia à dificuldade em acolher e apoiar os docentes iniciantes, pois as condições objetivas de trabalho não permitiam que isso ocorresse, conforme o relato a seguir:

Como a professora deve assumir uma classe com 30, 35 alunos, então, como você vai fazer o acolhimento para ela, e os 35 alunos vão ficar no pátio? Não dá! Então, você vai colocar a professora dentro de sala de aula e, logicamente [e depois], nós vamos conversar. Mas ela não pode, pois vai ter que ir para outro lugar. Então, não consigo conversar. A gente acha que a rede teria de oferecer para esse professor que está ingressando um momento de acolhimento diferenciado. A partir do momento que a rede propicia um dia para que seja passado como é o funcionamento, como é a dinâmica escolar, aí sim seria melhor (Relato de uma CP).

Nesse relato, a CP compartilha alguns dos desafios que dizem respeito à dificuldade de tempo para realizar atividades especificamente direcionadas aos iniciantes, que atribui ao fato de os professores acumularem outras funções em outras escolas, o que, segundo ela, limita suas possibilidades de ação. Argumenta, ainda, que sente falta de uma ação de acolhimento e integração de novos professores pela rede de ensino, para que eles tomassem conhecimento de informações básicas relativas à cultura da referida rede. O relato ilustra, ainda, a falta de apoio a professores iniciantes, o que corrobora a ideia de que, no Brasil, são raras as iniciativas que tenham a intenção de minimizar as dificuldades típicas da fase inicial da carreira (Reali; Tancredi; Mizukami, 2010; Gatti; Barreto; André, 2011).

Podemos argumentar, também, que o relato parece sugerir a falta de conhecimentos para que a CP pudesse planejar e executar ações voltadas para os docentes iniciantes. Contudo, a certa altura da discussão do caso, o grupo se engajou no debate e passou a pensar coletivamente sobre estratégias que poderiam ser utilizadas para acolher iniciantes:

Nosso papel (de CP) para descortinar esse choque é uma das ações que nós já temos. O professor ou a professora é recebido por toda a equipe da secretaria, que fala um pouco da vida funcional, apresenta horário, apresenta o livro de ponto e se coloca para algumas situações que o professor precise. Em seguida, vai para a coordenação, que o recebe e faz uma conversa sobre a dinâmica da escola, sobre a dinâmica pedagógica, lógico, um pequeno resumo e [...] vai apresentando para cada pessoa. Leva à sala dos professores, apresenta a eles e tem a preocupação, na hora do café, de o CP estar lá para apresentar aos outros professores. Depois disso, vai para a direção [...] que conversa, faz o acolhimento e entrega para ela um material já pronto que na nossa escola existe, tem um nome que a gente não gosta, mas ainda não foi reelaborado, que é um Guia de Orientações da Escola, que fala sobre várias coisas do funcionamento da escola etc. [...] No primeiro dia, o professor nunca fica sozinho. [...] Essa prática já estava introduzida desde 2007 quando cheguei lá. [...] Tudo isso vai minimizar esse choque (Relato de uma CP).

O depoimento explicita uma tentativa de explorar as ações que poderiam ser desenvolvidas com o intuito de minimizar o choque com a realidade, com base em sua experiência, no caso de ensino que estava em debate. O referido depoimento possibilitou que outras práticas de acolhimento fossem mencionadas e compartilhadas com o grupo:

Os procedimentos [empregados na recepção aos professores iniciantes] são: acolhida com uma conversa mais informal [quem é aquela pessoa, onde ela reside, como é a forma de vida, se está vindo de outra escola], depois fazemos um "*city tour*" pelos espaços da escola para apresentar o ambiente, apresentar todos da equipe. Também temos um material a ser entregue, do tipo uma rotina do ano letivo, outras escolas entregam trechos do PPP [projeto político-pedagógico], uma organização de como pedagogicamente aquela escola funciona. Também entregamos esse professor nas mãos de outro professor que a gente considera mais experiente, mais acolhedor, que vai fazer uma outra parte daquele lado de lá do professor, que a gente da gestão muitas vezes não consegue fazer (Relato de uma CP).

Uma experiência muito bacana, e única, de uma escola em que trabalhei. Além dessa questão de conhecer a escola no início do ano, na reunião de organização, a CP e a direção combinavam e separavam um período daquele dia, meia hora, 40 minutos, e combinavam com o motorista do transporte escolar. Colocavam os professores na van e conheciam o entorno da escola. Isso foi muito bacana (Relato de uma CP).

Esses depoimentos possibilitaram o compartilhamento de experiências, e também permitiram que o grupo refletisse sobre novas estratégias que poderiam colocar em prática para acolher docentes iniciantes, que não fossem meramente burocráticas:

Falando de acolhimento, na prefeitura, nós somos institucionalizados o tempo todo. O acolhimento para mim tem que ser uma relação humana, de afeto, naquele primeiro contato, não da burocracia, num andar que vai se dialogando [...]. Pensando especificamente na questão da Helena, se você é CP, larga tudo e vai com ela para a classe, deixa a burocracia para lá e vai com ela, porque o humano é mais importante nesse momento. Depois, a gente coloca o que é necessário, estruturalmente, para o ingresso desse professor que está iniciando (Relato de uma CP).

A discussão do caso de ensino possibilitou que as CPs compreendessem a importância de não abandonar os professores iniciantes à própria sorte em suas primeiras vivências em sala de aula. Porém, os depoimentos evidenciaram que as ações que empreendiam em suas escolas se restringiam a acolhimento e apresentação das pessoas, dos espaços escolares e de seu entorno, que, embora importantes, limitavam o DPD.

Na condição de pesquisadores formadores, interviemos para que o grupo refletisse sobre a importância da formação continuada nos contextos escolares, chamando atenção para os aspectos que diziam respeito às práticas pedagógicas da professora Helena e a como tais práticas poderiam repercutir na aprendizagem dos estudantes, a fim de contemplar esses aspectos nos processos formativos que as CPs desenvolviam nas escolas e possibilitar aos professores iniciantes a construção de conhecimentos específicos necessários a sua ação formadora.

Além disso, o caso de ensino contextualizou a discussão da teoria que fundamentou uma conversa com o grupo, que culminou na sistematização da noção de que a construção dos conhecimentos específicos para o exercício da docência precisa ocorrer na escola, que é o lócus da atividade do professor (Vaillant; Marcelo, 2012). Destacamos, assim, que o DPD não se dá espontaneamente. Ao contrário, são ações intencionais (Marcelo, 2009), praticadas em um dado contexto, atravessado por condições objetivas de trabalho e carreira (Day, 2001; Imbernón, 2006; Marcelo, 2009; Vaillant; Marcelo, 2012; Rigolon;

Príncepe; Pereira, 2020) que favorecem o DPD, de modo que é a unidade desses fatores que pode fazer com que as iniciativas de DPD tenham êxito.

O caso de ensino como estratégia metodológica: Considerações finais

Os depoimentos analisados na seção anterior evidenciam algumas contribuições importantes para que as CPs ativem seus conhecimentos prévios e avancem em suas reflexões sobre a importância das ações de indução profissional de professores em início de carreira.

Atribuímos esse avanço às discussões realizadas, sobretudo as baseadas no caso de ensino "Os nove trabalhos de Helena". Destacamos, ainda, que tal processo se deveu ao fato de o caso se referir a uma experiência real, que provocou o grupo a levar em conta as especificidades da fase de entrada na carreira docente e, também, a refletir sobre os fatores que podem facilitar ou dificultar suas ações como formadoras de iniciantes.

Os casos ajudam a desenvolver habilidades de análise crítica e solução de problemas. Uma das vantagens mais amplamente citadas da pedagogia baseada em casos é que é especialmente eficaz para ajudar os professores a desenvolverem habilidades de análise crítica, resolução de problemas e estratégias de pensamento. Aqueles que escreveram sobre essas experiências baseadas em casos também enfatizam a capacidade do método de fomentar habilidades de análise crítica. Por exemplo, Hunt Pearson, no início dos anos 1950, sugeriu que o método forneceu o poder de analisar e dominar uma circunstância emaranhada, selecionando fatores importantes: a capacidade de utilizar ideias para testá-las contra fatos e lançá-las em novas combinações para a solução de um problema; a capacidade de reconhecer a necessidade de novo material factual ou a necessidade de aplicar habilidades técnicas, bem como a capacidade de usá-las. Quarenta anos depois, Florio-Ruane e Clark sugerem que o objetivo de análise crítica "é gerar nos professores um senso de possibilidades, bem como um senso do que é uma consciência de múltiplas realidades

presentes na sala de aula, não como 'dadas', mas como 'construídas'"
(Merseth, 1991, p. 16, tradução nossa).

O processo de construção da análise crítica das práticas escolares não é simples; por isso, para reforçar as potencialidades dos casos de ensino, vale lembrar o que afirma Perrenoud (1999, p. 30) sobre as especificidades da sala de aula, que envolvem uma imensa complexidade e impasses de diferentes ordens que precisam ser tratados com tranquilidade, sabedoria e equilíbrio e que, muitas vezes, impõem que o(a) professor(a) mude o rumo, replaneje seu fazer, exercício que não é nada fácil: "Esses dilemas não conseguem ser totalmente superados pela experiência, nem pela formação. No entanto, a consciência de que eles ocorrem ajuda a conviver com a complexidade".

Dessa forma, defendemos que o caso de ensino, na situação analisada, por ter trazido "a sala de aula" para o espaço da formação, garantiu a unidade teórico-prática necessária para o DPD das CPs, uma vez que, tendo vivenciado o uso de um caso de ensino como estratégia metodológica, também puderam ampliar seu repertório visando a sua atuação futura, com foco na indução profissional de docentes iniciantes. Reforça-se, assim, a noção defendida por Pereira (2017), de que o DPD das CPs é construído no movimento de DPD dos professores com os quais desenvolvem ações formativas nas escolas.

Considerando a discussão realizada neste capítulo, também aproveitamos para reforçar a importância de que as políticas educacionais integrem processos de indução profissional que sejam planejados, articulados e executados de forma colaborativa entre os sistemas e redes de ensino e as escolas (André, 2012). Ademais, os depoimentos analisados também evidenciam a importância de que a CP tenha condições de trabalho e formação para executar seu papel formador, ajudando a construir, assim, os conhecimentos profissionais necessários para que tal papel se efetive.

Finalmente, salientamos que, quando as CPs não têm conhecimentos específicos, dentre os quais está o domínio de estratégias metodológicas diversificadas para formar os professores, e isso se associa à falta de oportunidades de se desenvolver profissionalmente, forma-se uma "mistura explosiva", que tem, entre seus efeitos nocivos, a ausência de iniciativas voltadas para a inserção profissional dos professores iniciantes na carreira docente.

Sem apoio institucional, o trabalho dos docentes iniciantes se torna mais problemático, pois se intensifica o choque com a realidade (Veenman, 1988) e a solidão profissional. Nesse caso, aumenta o risco do abandono prematuro da carreira ou o prolongamento da fase de iniciação, diante de condições de carreira e de trabalho alienadas das especificidades dos primeiros anos de exercício da docência.

Fazendo menção ao conto de Galeano que abriu este capítulo, esperamos que todos aqueles que atuam no campo da formação de professores possam acolher, apoiar, orientar, formar e refinar o olhar dos docentes que adentram a profissão, para que eles não precisem pedir, como Diego, ajuda para olhar. E que, possam, assim, exercer a profissão contribuindo para uma educação verdadeiramente emancipatória.

Referências

ALMEIDA, P. C. A. de *et al*. As pesquisas sobre professores iniciantes: uma revisão integrativa. *Revista Eletrônica de Educação*, v. 14, p. 1-20, jan./dez. 2020.

ANDRÉ, M. Políticas e programas de professores iniciantes no Brasil. *Caderno de Pesquisa*, v. 42, n. 145, p. 112-129, jan./abr., 2012.

ANDRÉ, M.; VIEIRA, M. O coordenador pedagógico e a questão dos saberes. *In*: ALMEIDA, L. R.; PLACCO, V. M. N. S. *O coordenador pedagógico e as questões da contemporaneidade*. São Paulo: Loyola, 2012.

CRUZ, G. B. da; FARIAS, I. S.; HOBOLD, M. Indução profissional e o início do trabalho docente: debates e necessidades. *Revista Eletrônica de Educação*, v. 14, p. 1-22, 2020.

DARLING-HAMMOND, L.; BRANSFORD, J. *Preparando os professores para um mundo em transformação*. Porto Alegre: Penso, 2019.

DAY, C. *Desenvolvimento profissional de professores: os desafios da aprendizagem permanente*. Porto: Porto, 2001.

GALEANO, E. *O livro dos abraços*. Trad. Eric Nepomuceno. Porto Alegre: L&PM, 2016.

GATTI, B. A.; BARRETTO, E. S. S.; ANDRÉ, M. E. D. A. *Políticas docentes no Brasil: um estado da arte*. Brasília, DF: Unesco, 2011.

GATTI, B. A.; NUNES, M. M. R. (org.). *Formação de professores para o ensino fundamental: estudo dos currículos das licenciaturas em pedagogia, língua portuguesa, matemática e ciências biológicas*. São Paulo: FCC/DPE, 2009. Coleção Textos FCC, v. 29.

HAMMERNESS, K.; DARLING-HAMMOND, L.; BRANSFORD, J. Como os professores aprendem e se desenvolvem. *In*: DARLING-HAMMOND, L.; BRANSFORD, J. *Preparando os professores para um mundo em transformação: o que devem aprender e estar aptos a fazer*. Porto Alegre: Penso, 2019. p. 306-332.

HUBERMAN, M. O ciclo de vida profissional dos professores. *In*: NÓVOA, A. (org.). *Vidas de professores*. 2. ed. Porto: Porto, 2014. p. 31-61.

IMBERNÓN, F. *Formação docente e profissional: formar-se para a mudança e a incerteza*. São Paulo: Cortez, 2006. (Coleção Questões da Nossa Época).

LIMA, E. de F. *et al*. Sobrevivendo ao início da carreira docente e permanecendo nela. Como? Por quê? O que dizem alguns estudos. *Educação e Linguagem*, ano 10, n. 15, p. 138-160, jan./jun. 2007. Disponível em: https://www.metodista.br/revistas/revistasims/index.php/EL/article/viewFile/161/171>. Acesso em: 20 jun. 2022.

LINHART, D. Modernização e precarização da vida no trabalho. *In*: ANTUNES, R. (org.). *Miséria e riqueza do trabalho no Brasil*. São Paulo: Boitempo, 2014.

MARCELO, C. *Formação de professores para uma mudança educativa*. Porto: Porto, 1999.

MARCELO, C. Desenvolvimento profissional: passado e futuro. *Sísifo Revista das Ciências da Educação*, n. 8, p. 7-22, jan./abr. 2009.

MERSETH, K. K. *The case for cases in teacher education*. Washington, DC: AACTE, 1991.

MERSETH, K. K. (coord.); INSTITUTO PENÍNSULA (org.). *Desafios reais do cotidiano escolar brasileiro: 22 dilemas vividos por diretores, coordenadores e professores em escolas de todo o Brasil*. São Paulo: Moderna, 2018.

MERSETH, K. K. Prefácio. *In*: MORICONI, G. M. (org.). *Ensinando futuros professores: experiências formativas inspiradoras*. Curitiba/São Paulo: CRV/ Fundação Carlos Chagas, 2020.

ORGANIZAÇÃO PARA A COOPERAÇÃO E DESENVOLVIMENTO ECONÔMICO (OCDE). *Professores são importantes: atraindo, desenvolvendo e retendo professores eficazes.* São Paulo: Moderna, 2006.

PEREIRA, R. *A autoanálise de coordenadoras pedagógicas sobre a sua atuação como formadoras de professores.* 2010. Dissertação (Mestrado em Educação: Psicologia da Educação) – Pontifícia Universidade Católica de São Paulo, São Paulo, 2010.

PEREIRA, R. *O desenvolvimento profissional de um grupo de coordenadoras pedagógicas iniciantes: movimentos e indícios de aprendizagem coletiva, a partir de uma pesquisa-formação.* 2017. Tese (Doutorado em Educação: Psicologia da Educação) – Pontifícia Universidade Católica de São Paulo, São Paulo, 2017.

PERRENOUD, P. *Construir as competências desde a escola.* Porto Alegre: Artmed, 1999.

PLACCO, V. M. N. de S.; ALMEIDA, L. R. de; SOUZA, V. L. T. de. *O coordenador pedagógico e a formação de professores: intenções, tensões e contradições.* Relatório final de pesquisa. São Paulo: Fundação Victor Civita/Fundação Carlos Chagas, 2011.

PRÍNCEPE, L. M. *Condições de trabalho e desenvolvimento profissional de professores iniciantes em uma rede municipal de educação.* 2017. Tese (Doutorado em Educação: Psicologia da Educação) – Programa de Estudos Pós-Graduados em Educação: Psicologia da Educação, Pontifícia Universidade Católica de São Paulo, São Paulo, 2017.

PRÍNCEPE, L. M.; ANDRÉ, M. E. D. A. de. Condições de trabalho na fase de indução profissional dos professores. *Currículo sem Fronteiras*, v. 19, n. 1, p. 60-80, jan./abr. 2019.

REALI, A. M. M. R.: TANCREDI, R. M. S. P; MIZUKAMI, M. da G. N. Programa de mentoria *online* para professores iniciantes: fases de um processo. *Cadernos de Pesquisa*, São Paulo, v. 40, n. 140, p. 479-506, maio/ago. 2010.

RIGOLON, W. de O.; PRÍNCEPE, L.; PEREIRA, R. Condições de trabalho no início da docência: elementos constituintes e repercussões no desenvolvimento profissional. *Revista Eletrônica de Educação*, v. 14, p. 1-20, jan./dez. 2020.

SÃO PAULO. Decreto n. 54.453, de 10 de outubro de 2013. Fixa as atribuições dos profissionais de educação que integram as equipes escolares das unidades educacionais da rede municipal de ensino. *Diário Oficial da Cidade de São Paulo*, 10 out. 2013. Disponível em: https://legislacao.prefeitura.sp.gov.br/leis/decreto-54453-de-10-de-outubro-de-2013. Acesso em: 30 maio 2021.

SENNETT, R. *A corrosão do caráter: as consequências pessoais*. Rio de Janeiro: Record, 2009.

TARDIF, M.; LESSARD, C. *O trabalho docente: elementos para uma teoria da docência como profissão de interações humanas*. Petrópolis: Vozes, 2014.

THOMPSON, E. P. *A formação da classe operária inglesa*, v. I: A árvore da liberdade. Rio de Janeiro: Paz e Terra, 2015.

VAILLANT, D.; GAIBISSO, L. C. Desarrollo profesional docente: entre la proliferación conceptual y la escasa incidencia en la práctica de aula. *Cuaderno de Pedagogia Universitária*, v. 13, n. 26, p. 5-14, jul./dez. 2016.

VAILLANT, D.; MARCELO, C. *Ensinando a ensinar: as quatro etapas de uma aprendizagem*. Curitiba: UTFPR, 2012.

VEENMAN, S. El proceso de llegar a ser profesor: un análisis de la formación inicial. *In*: VILLA, A. (org.). *Problemas e perspectivas de la función docente*. Madri: Narcea, 1988.

9
INDUÇÃO E IMERSÃO PROFISSIONAL POR MEIO DE CASOS DE ENSINO E DE DIÁRIOS REFLEXIVOS: TESSITURAS DE PROFESSORES(AS) INICIANTES

Maria Joselma do Nascimento Franco
Ray-lla Walleska Santos F. Gouveia
Mônica Batista da Silva

Introdução

Valendo-nos de duas pesquisas (Gouveia, 2020; Silva, 2021) que tomam como objeto de estudo o desenvolvimento profissional de professores/as iniciantes e a reflexão acerca da constituição e da necessidade de formação contínua de professores/as iniciantes no contexto do agreste pernambucano, buscamos estabelecer relações de continuidade, evidenciando aproximações entre os achados de ambos os estudos, que encaminham diretrizes para a formulação de políticas de formação continuada desses profissionais.

Tomamos como eixo as evidências dos/as professores/as participantes das pesquisas, assim como dos/as coordenadores/as pedagógicos/as e dos/as técnicos/as educacionais, que sinalizam, entre outras questões, a necessidade de acolhimento e acompanhamento ao/à professor/a, desde aquele recém-chegado na profissão até o mais experiente, haja vista que apenas os anos de experiência podem não ser suficientes para garantir uma imersão profissional na docência que possibilite aderência à profissão e continuidade nela.

Visamos contribuir para a superação da dicotomização entre professor/a iniciante e professor/a experiente, assim como para a desmistificação da hierarquização posta nas escolas entre os/as próprios/as professores/as, os/as coordenadores/as pedagógicos/as e técnicos/as educacionais, estabelecendo possibilidades coletivas de encaminhamentos que se baseiam em suas demandas, sem segregação e sem julgamentos entre cada categoria. Compreendemos, portanto, que é preciso conceber a formação como um contínuo, de modo que não vemos o/a professor/a iniciante apenas como aquele/a que tem o saber *recente, ou fresco na memória* nem o/a professor/a experiente como aquele/a que *detém a experiência total nos assuntos e situações mais complexas, ou aquele que domina a prática.*

É na defesa de uma formação contínua, acolhedora e consistente, fundada nos elementos que emergem da prática e na reflexão cotidiana entre pares, que pautamos nossas observações. Buscamos compreender e discutir os processos que antecedem a criação dessas políticas de formação continuada de professores/as, considerando que, no tocante à docência, é importante que as políticas de formação sejam consistentes e atendam às demandas formativas dos professores nos diferentes níveis e modalidades de ensino. Infelizmente, ainda são comuns as descontinuidades que, por vezes, perpassam as redes de ensino, impossibilitando a continuidade das ações e práticas formativas.

Com base nessa consideração, temos como objeto de estudo neste capítulo *a indução e a imersão de professoras/es iniciantes* nas redes públicas municipais do agreste pernambucano. Como objetivo, visamos apresentar os percursos de indução e imersão e refletir sobre eles. Neste estudo, são percursos vivenciados por professores/as que participaram das duas pesquisas em suas primeiras experiências e como estas encaminham eixos para a elaboração de uma política pública de formação continuada, a fim de compreender: quais as demandas percebidas por esses/as professores/as? O que elas apontam? Qual o sentido da indução e da imersão profissional e como têm sido mobilizadas nas redes?

Considerando a complexidade e a importância de tais questionamentos para o campo da formação docente, assim como para a profissionalização e a continuidade da carreira de professores/as, sentimos a necessidade de nos ancorar nos diferentes estudos que tratam dos primeiros anos da docência, destacando-os como percursos de aprendizagem e firmação da carreira docente, dentre os quais podemos mencionar: Papi e Martins (2010), Reis (2015), Marcelo e Vaillant (2017), André (2018), Nóvoa (2019) e Príncepe e André (2019).

Além desses autores, trazemos em específico a contribuição de Marcelo e López Ferreira (2020), que compreendem a indução como um meio de apoio para que professores/as iniciantes possam enfrentar os desafios iniciais que perpassam a docência valendo-se do exercício da autonomia mediada. Também nos apoiamos em Manso (2021), quando menciona que, para a inserção profissional ocorrer de maneira efetiva, é necessário que haja uma série de medidas integradas que possibilitem a esses/as professores/as o desenvolvimento de suas práticas.

Concebemos que não é possível pensar em continuidade e fortalecimento da docência sem a revisitação das práticas de recepção e acolhimento aos que chegam às redes de ensino, sem o aprimoramento da mediação e do apoio que é prestado a esse/a professor/a iniciante, especificamente num período de tantas incertezas e demandas, como se configura o início da profissão. Por isso, entendemos que pensar novos caminhos de indução profissional é tecer possibilidades que fomentem a imersão na docência de fato como um mergulho consistente no fazer cotidiano, que possibilite, para além da execução, a identificação profissional e pessoal de professores/as com suas atribuições.

Foi nesse percurso que, em nossas pesquisas, concebemos os diários reflexivos como instrumentos nos quais, além do registro diário, podem ser relatadas impressões do que se vivencia em determinado contexto, sendo eles produtores de uma riqueza informativa relativa às experiências e tendo impacto formativo, uma vez que permitem fazer uma leitura reflexiva capaz de analisar a evolução dos fatos. O registro diário é também um instrumento de pesquisa e desenvolvimento profissional, conforme afirma Zabalza (2007). Entendemos, pois, que os diários contribuem para o desenvolvimento de um processo de autoanálise e reflexão sobre práticas.

Zabalza (2007) ainda afirma que a utilização dos diários torna possível um processo de aprendizagem constituído de cinco momentos que se articulam: o profissional toma consciência de suas práticas, realiza um movimento de análise dessas práticas, busca apreender de forma mais profunda o sentido, o significado de cada uma delas, reflete sobre a construção de iniciativas de melhorias e, por fim, começa um novo ciclo profissional. Compreendemos, então, que os diários reflexivos constituem estratégias formativas relevantes, por possibilitarem reconstruir e melhorar práticas profissionais.

Também tomamos os casos de ensino como estratégias que podem propiciar o desenvolvimento profissional por meio do exercício docente que envolve ensino, aprendizagem, escolhas e direcionamentos dos/as professores/as mediante as necessidades dos contextos. Os casos de ensino podem ser considerados uma ferramenta de formação de professores/as, assim como de investigação de seus processos formativos, que dão voz a eles, num movimento de estudo e reflexão que se pauta nas vivências extraídas de suas realidades profissionais.

Nossa compreensão de casos de ensino se ancora nas diferentes autoras que afirmam que esses casos, em sua gênese, expressam relações humanas baseadas em narrativas que envolvem sujeitos, espaços, conhecimentos, entre outros aspectos. As autoras afirmam ser essa uma estratégia que pode gerar aprendizado e maior adesão profissional, já que o/a professor/a analisa e faz escolhas se valendo das concepções subjacentes a sua prática. O/a professor/a iniciante pode descrever etapas significativas de sua experiência, planejar soluções diante dos desafios que se apresentam na escola, bem como relacionar saberes de diferentes naturezas ao contexto social em que atua, fazendo escolhas com base na intencionalidade pedagógica de sua ação (Mizukami, 2000; Domingues; Sarmento; Mizukami, 2012).

Considerando a riqueza formativa dos diários e dos casos, podemos dizer que ambos se configuraram em uma experiência que iniciou um movimento de imersão na docência, por meio da qual não apenas os/as professores/as como também os/as coordenadores/as e os/as técnicos/as formativos/as puderam ampliar os olhares sobre seus contextos de atuação. Desse modo, sendo os contextos bastante complexos, esses profissionais puderam reinventar possibilidades de seguir desenvolvendo a si mesmos e aos estudantes, sem perder de vista as dimensões éticas, sensíveis e humanas da docência, valendo-se de suas próprias práticas para recriar novas possibilidades.

Para dar continuidade às nossas discussões e explicitar os achados das pesquisas baseadas nessas estratégias formativas, apresentaremos no item a seguir um pouco mais acerca do marco teórico, dos conceitos que norteiam nossa visão e das narrativas e contribuições dos participantes das duas pesquisas, apresentando em diálogo os achados baseados nos depoimentos dos/as professores/as iniciantes, assim como os encaminhamentos que surgiram de suas contribuições.

Indução e imersão profissional na docência: O que dizem os/as professores/as, os/as coordenadores/as pedagógicos/as e os/as técnicos/as educacionais?

Primeiramente, faz-se necessário explicitar nossa concepção de professor/a iniciante, uma vez que a literatura clássica não traz um consenso. Há estudos que compreendem que o início da docência corresponde aos três primeiros anos de atuação profissional (Huberman, 2000), já outros ampliam esse período para cinco anos de atuação na escola, entendendo que é nessa fase que o professor consolida os saberes profissionais que serão mobilizados ao longo da carreira (Tardif; Raymond, 2000).

Apesar de a literatura definir esse critério temporal, há outros aspectos que devem ser considerados para caracterizar o iniciante. Para além da questão temporal, as pesquisas vêm sinalizando que há professores/as com menos tempo de atuação que já estão imersos na cultura da docência, ao passo que outros, com mais tempo de sala de aula, estão ausentes desse sentido, executando suas práticas pela via da reprodução acrítica, sem reflexão para vivenciar de fato a docência.

Sobre essa consideração, cabe ressaltar a importância de compreender a indução profissional como processo formativo de acolhimento, orientação e acompanhamento relacionado diretamente à inserção dos/as professores/as na docência, tendo em vista possibilitar a superação dos desafios próprios desse período, assegurando a permanência na profissão e um efetivo processo de desenvolvimento profissional.

Nossa compreensão de indução se pauta também em Príncepe e André (2019), que a defendem como uma importante ferramenta para o desenvolvimento profissional do docente iniciante ao mobilizar, de diferentes formas, experiências diversas e significativas. As autoras ainda apresentam que a indução compreende uma das fases do processo de desenvolvimento profissional, comportando tanto a experiência acumulada durante a passagem pela educação básica quanto a formação inicial e, também, a formação continuada realizada nas escolas, nas redes de ensino ou buscada pelos/as professores/as em centros de formação, universidades etc.

Com base na contribuição das autoras, podemos afirmar que a indução se caracteriza por processo, percurso formativo e de desenvolvimento, não se tratando de algo baseado em um modelo único a ser seguido, mas que considera a diversidade de elementos que constituem o início da carreira. Pensar sobre possibilidades de indução profissional de professores/as iniciantes implica defender a criação de políticas contínuas de acolhimento que acompanhem e façam a mediação dessa chegada à profissão, a fim de conferir apoio e direcionamento aos iniciantes, possibilitando-lhes o desenvolvimento pleno das habilidades necessárias ao seu fazer.

Atrelado ao conceito de indução profissional, em nossas pesquisas, abordamos o conceito de imersão na docência, compreendendo-o como movimento de mergulho e aderência à docência, em que professores/as podem se envolver com um projeto de educação que expresse o compromisso social com a atividade docente, para que as ações de ensinar e aprender se desenvolvam em uma dialética, possibilitando a socialização e a ampliação de saberes individuais e coletivos como as subjetividades, a emoção e a sensibilidade, elementos de aprendizagem profissional e mergulho na profissão, que se dá articulado ao processo de indução.

O movimento de imersão que propomos se caracteriza, então, pelo aprofundamento, não de uma perspectiva verticalizada de saberes, mas num sentido de vinculação significativa que possibilita ultrapassar a superfície do que está posto e adentrar de fato as características e os elementos que o fazer docente envolve. Como afirma Brasil (2015), pensar a imersão é considerar a possibilidade de aprender com base no adentrar profundamente nas relações iniciais que se estabelecem na profissão; é como um caminho para que os/as professores/as iniciantes consigam construir, por meio da autoria, possibilidades de afirmação e desenvolvimento profissional que lhes permitam a compreensão de seu papel e a permanência no exercício deste.

Explicitados os conceitos, ressaltamos que, ao longo de nossas pesquisas, a articulação entre indução e imersão se deu de modo constante, uma vez que não é possível pensar em um processo de indução que seja significativo se não houver uma imersão na docência. Caso contrário, a indução seria reduzida a apenas mais uma ação simplista e reprodutivista para recepcionar professores/as.

Foi tomando tais conceitos como referência que buscamos compreender, ao longo das sessões com os participantes, como se deu o processo de acolhida e chegada nas escolas da rede em que atuam. Ao questionarmos como ocorreram as primeiras ações de recepção dos/as professores/as iniciantes, sobretudo no primeiro dia de aula, obtivemos as seguintes afirmações: "No começo, foi um pouco complicada a recepção na escola, nós, professores, fomos um pouco perseguidos, houve bastante assédio moral" (extrato de questionário, PI3, outubro de 2020). Outro participante reiterou: "Em relação às orientações, tivemos algumas no dia da reunião mesmo, mas nada específico em relação à docência, apenas normas do cotidiano da escola" (extrato de questionário, PI11, outubro de 2020).

Os extratos anteriores evidenciam a ausência de acolhimento e a falta de receptividade na escola. Ao mencionarem que receberam apenas orientações ligadas a normas do cotidiano ou que se sentiram perseguidos, os/as professores/as iniciantes evidenciam certo descuido com aquele que chega, o que gera uma cultura ainda mais desafiadora e solitária já no início do exercício profissional. Essa entrada na escola se torna ainda mais complexa quando se nota a expressão "assédio moral", enfatizada por um dos participantes, denotando que a experiência não foi satisfatória já na chegada.

Quanto a esses elementos, entendemos que, quando não há um processo sistematizado de indução e imersão com professores/as iniciantes sendo desenvolvido nas escolas, a reprodução de processos de competitividade e os sentimentos de solidão e desencontro tomam lugar, pondo professores/as em situações constrangedoras e difíceis do ponto de vista não apenas da carreira docente, mas, sobretudo, humano, pois não conseguem firmar vínculos no ambiente escolar e se fortalecer.

Para além do aspecto emocional de apoio e integração, um segundo elemento obtido nos depoimentos sinaliza a necessidade urgente de que haja políticas de imersão: a falta de orientação no tocante às estruturas fundamentais ao ensino, tais como currículo, avaliação, contexto e comunidade escolar, entre outros elementos. Quanto a esses pontos, ao questionarmos sobre as orientações recebidas na chegada à escola, outro participante mencionou: "As orientações que recebi foram básicas, tipo: a turma em que ia lecionar, sala em que iria ficar. Orientação de currículo, cultura escolar, avaliação, coisas do tipo, não recebi. Foi tudo no susto, por assim dizer!" (extrato de questionário, PI7, outubro de 2020).

Vemos nesse extrato que a ausência de uma política institucional de indução profissional gera prejuízos que ultrapassam a falta de integração colaborativa entre professores/as já ativos/as na rede e os/ as recém-chegados/as, interferindo no comprometimento para com elementos estruturantes do ensinar, já que não garante a continuidade da atividade amparada no currículo escolar, podendo esta se dar de maneira desarticulada ou ausente de sentido para professores/as e estudantes, considerando que, se não são conhecidos a realidade e o contexto, os instrumentos utilizados em sala de aula podem ser descontextualizados e insignificantes para ambos.

Sobre os elementos sinalizados pelos participantes das pesquisas e expostos nos depoimentos anteriores, concordamos com Giordan e Hobold (2016) quando defendem que professores/as iniciantes, ao serem bem acolhidos, estabelecem melhores relações com seus pares e com a gestão escolar e a comunidade, podendo pedir ajuda com maior liberdade, quando necessário, além de manter suas práticas de maneira mediada e não solitária.

Ainda no que se refere ao *acompanhamento a professores/as iniciantes*, ao tratarmos do recebimento de algum tipo de formação/ acompanhamento/apoio específico, os participantes das pesquisas novamente revelaram ausência de especificidade para os recém-chegados: "De todas as formações que já participei, seja desenvolvida pela escola ou pela Secretaria de Educação, nenhuma foi voltada de forma específica para professores iniciantes" (extrato de questionário, PI16, outubro de 2020). Nesse depoimento, nota-se uma inserção assistemática desses profissionais, sem cuidado nem foco nos iniciantes. Nesse contexto, concebemos que um início de docência assistemático não favorece uma socialização profissional que seja rica para o aprendizado da docência e o desenvolvimento dos/as professores/as.

Diante dos depoimentos dos/as professores/as iniciantes participantes das pesquisas, não identificamos o desenvolvimento de um acolhimento próprio a esses profissionais nem orientações sistemáticas para suas necessidades ou acompanhamentos institucionalizados e frequentes. Tampouco foi relatada ação de assistência e/ou apoio específico a professores/as que estão em período de inserção, em seus primeiros anos de docência. Considerando os reflexos negativos dessa falta de acolhida e acompanhamento, um dos participantes mencionou em uma das sessões de pesquisa com casos de ensino:

> [...] é uma escola onde os professores não permanecem. Então, assim, eles passam um ano, na metade do ano vão embora, ou seja, a maior parte do tempo os alunos ficam com as auxiliares; aí, se não me engano, são auxiliares que não são formadas em pedagogia, só têm o ensino médio ou magistério, é algo assim. Eu sei que elas não dão continuidade ao trabalho do docente anterior ou pegam a turma e jogam dentro de outra turma, [...] é uma situação desafiadora demais (MG, segunda sessão da pesquisa, 2020).

Nesse extrato, vemos mais um elemento que confirma que, mediante os desafios do início da docência, quando não há um trabalho de indução nem acompanhamento sistemático pensado para auxiliar professores/as, a desistência é um caminho comum, percorrido por boa parte deles, o que impacta o desenvolvimento das atividades da rede toda; afinal, a rotatividade de professores/as gera descontinuidade do trabalho pedagógico desenvolvido com os estudantes. Pensamos que, além dessas implicações, essa questão tem relação direta com a sobrecarga dos que permanecem no trabalho, pois assumem as demandas dos/as professores/as que saem, conforme relatado pelo professor iniciante.

Tais evidências só reiteram a necessidade de um plano específico que se configure em políticas e ações sistemáticas de indução que possibilitem a imersão individual e coletiva na docência, porque o/a professor/a que chega não deve se sentir sozinho ou ser responsabilizado por tudo na sala de aula que conduz, já que há fatores externos que vão impactar diretamente esse fazer. Nesse senso de responsabilidade, uma participante de nossas sessões com casos de ensino mencionou: "[...] é aquela coisa: a gente não tem como esperar que esteja tudo ok, sabe? Infelizmente ou felizmente, a gente chega na escola preparado para o que der e vier, o que tiver e o que não tiver" (MV, primeira sessão da pesquisa, 2020).

Vemos nesse depoimento que há nos iniciantes o desejo de fazer o seu melhor, de contribuir para o desenvolvimento dos estudantes e das atividades propostas na escola, muito embora haja também o reconhecimento da falta de apoio e acompanhamento. Pensamos que, ao mencionar que "é preciso estar preparado para o que der e vier, o que tiver e não tiver", os/as professores/as iniciantes assumem uma carga que poderia ser amenizada, caso houvesse mais orientações, mais apoio e oportunidades de compartilhamento também desses elementos que ainda faltam para que as atividades sejam conduzidas de maneira efetiva.

Nesse sentido, concordamos que não é possível pensar em um processo de indução e imersão que não possibilite a professores/as iniciantes a vivência real e mediada das diferentes situações do cotidiano na escola. Entendemos que a autonomia do/a professor/a vai sendo desenvolvida nesses exercícios, mas, sem apoio ou incentivo, o processo pode se tornar solitário, sem reflexão, sem mobilização, e as ações podem ser apenas espontâneas, não gerando a aprendizagem necessária sobre o fazer, retardando o desenvolvimento profissional que deveria ser promovido em perspectiva acolhedora e emancipatória. Portanto, concordamos com Mello (2000, p. 102):

> Ninguém facilita o desenvolvimento daquilo que não teve a oportunidade de desenvolver em si mesmo. Ninguém promove a aprendizagem de conteúdos que não domina nem a constituição de significados que não possui ou a autonomia que não teve a oportunidade de construir.

Em outras palavras, é fundamental que professores/as iniciantes tenham a oportunidade de exercitar sua autonomia em sala de aula ao nela chegar, e também que sejam conduzidos de maneira a não se sentir constrangidos em pedir ajuda e a poder estabelecer vínculos seguros com os mais experientes, para fortalecer suas práticas e consolidar o dia a dia de sua própria experiência, construindo sua carreira com as aprendizagens sadias que se desenvolvem na escola.

Além da evidência dos desafios, nossas pesquisas apontaram, ainda, alternativas que os/as professores/as iniciantes construíram para superar os desafios encontrados na rede quando da ausência de acolhimento, orientação e acompanhamento específico no período de iniciação à docência. Ao questionar os iniciantes sobre a quem pediam ajuda/auxílio/orientação quando sentiam dificuldade na realização de alguma atividade, eles afirmaram:

Com certeza, as minhas colegas, professoras da educação infantil. Pelo fato de termos uma relação horizontal, um olhar de cooperação e não de avaliação para as ideias, atividades, experiências partilhadas (extrato de questionário, PI6, outubro de 2020).

Nós dos anos iniciais, tanto como os do infantil, tentamos de alguma forma ajudar um ao outro, principalmente na questão dos alunos. [...] As professoras do segundo se juntam comigo, a gente vai vendo as atividades e tenta dar algum apoio, ver a questão dos materiais e a gente consegue. Eu acho que, se fosse sozinha, eu não conseguiria, porque junto a gente vai pensando e, aí, consegue. Sem esse apoio, eu não conseguiria (MG, primeira sessão da pesquisa, 2020).

Com base nos depoimentos, identificamos a construção de um movimento coletivo de aprendizagem-formação com os pares (outros iniciantes) e professores/as mais experientes. Consideramos que iniciativas como essas revelam o comprometimento com a profissão e a mobilização para com o desenvolvimento profissional entre os/as professores/as. Assim, os dados de nossas pesquisas apontam que não há um individualismo pedagógico entre os iniciantes; ao contrário, mesmo não existindo incentivo à socialização docente por parte da rede e da coordenação pedagógica das escolas, os/as professores/as recorrem aos colegas de profissão e a outros/as professores/as mais experientes, que os acolhem em um movimento de ajuda e troca de saberes.

226 | Papirus Editora

Considerando os elementos mencionados pelos/as professores/as iniciantes, podemos afirmar que, com base nas sessões com os casos de ensino e os diários reflexivos, foi possível aprimorar ações pensadas, planejadas e desenvolvidas também com coordenadores/as e formadores/as de diferentes redes de educação, na busca de contribuir para a construção de caminhos possíveis para uma cultura organizacional escolar atenta ao período de iniciação à docência, à indução como acolhimento, orientação e acompanhamento e à imersão na cultura profissional.

Após as intervenções que realizamos, no que se refere a *apoio da gestão e da comunidade escolar aos professores/as iniciantes*, os/as coordenadores/as e formadores/as destacaram:

> Acho que a gente tem que partir daí, dar apoio ao professor iniciante, [...] nenhum professor sabe tudo. A gente precisa quebrar esse conceito. A gente vê no relato que ela está ali cheia de dúvidas e medos, mas encontrou ali no grupo um apoio muito forte. Eu acho que é por aí também (TF, anos finais do ensino fundamental, segunda sessão, dezembro de 2020).

Vimos nesse depoimento que os/as formadores/as compreendem que oferecer apoio a professores/as iniciantes é fundamental para que possam enfrentar seus medos no início do exercício profissional e, também, para que possam sanar possíveis dúvidas, dando continuidade a suas atividades de maneira mediada, buscando sempre caminhos de resolução das demandas que surjam ao longo do exercício profissional.

No que se refere às contribuições possíveis da coordenação para essa chegada dos/as professores/as iniciantes à escola, em nossas sessões de pesquisa, o *diálogo* surge como um dos eixos do trabalho, pois tanto os/as professores/as iniciantes participantes quanto os/as coordenadores/as e formadores/as o sinalizam como um elemento central para o desenvolvimento profissional e o acompanhamento do exercício docente. Vejamos o depoimento de uma professora iniciante, ao refletir sobre um dos casos de ensino apresentados:

É isso mesmo, na própria universidade a gente estuda muito sobre a prática, sobre refletir as nossas ações, sobre o *diálogo*, e eu acho que, tanto na minha situação narrada quanto na sua, esses temas foram muito abordados, respeitar o outro, em si e no nosso caso eu creio que foi uma práxis, não foi uma ação pela ação sem sentido, mas foram atividades desenvolvidas que nos levaram a refletir em algum momento sobre a nossa prática, sobre o comportamento dos alunos, sobre o processo de ensino-aprendizagem. Há também a questão da significação, do contexto, e eu acho que é isso; tudo que falamos envolve a prática docente, então, eu acho que, nos nossos dois casos de ensino, estão presentes (MG, segunda sessão de pesquisa, 2020, grifo nosso).

Também sobre o diálogo, os/as coordenadores/as e formadores/as enfatizam: "A gente observa que o papel primordial da coordenação é acolher o professor no caminho do diálogo, porque se, no dia a dia, a coordenação não tiver esse diálogo, não fizer esse papel, então, qual é o papel de uma coordenação?" (TF EJA, segunda sessão, dezembro de 2020).

Em depoimentos como esses, é possível perceber que, para os/as professores/as, movimentos formativos que tenham o diálogo como eixo são fundamentais para possibilitar o exercício da práxis, da reflexão e do compartilhamento de suas demandas de maneira colaborativa. De modo semelhante, os formadores reconhecem o valor do diálogo no contexto escolar, enfatizando-o como elemento essencial nos processos de acolhimento a professores/as. Nesse contexto, destacam a coordenação pedagógica como esfera mobilizadora de processos formativos pautados na dialogicidade. Esse entendimento ganha aderência em Ambrosetti *et al.* (2020, p. 10):

O diálogo permanente entre os formadores, os professores e demais atores escolares se torna profícuo na busca por processos formativos situados e de qualidade, em uma perspectiva de formação centrada na escola e nas necessidades formativas dos próprios professores.

Com base na afirmação das autoras, apreendemos que o diálogo é um elemento indispensável nas relações que se estabelecem no contexto escolar e na construção de processos formativos que buscam atender às necessidades do corpo docente. Portanto, ele é fundamental na construção de processos que focalizem a indução e imersão profissional docente. Assim, destacamos ainda a importância das pesquisas que têm mobilizado professores/as iniciantes e demais envolvidos a refletir por meio de estratégias formativas que lhes permitam exercitar o diálogo e a construção coletiva num movimento crítico e construtivo, propiciador de desenvolvimento profissional, tais como os casos de ensino e os diários reflexivos que utilizamos, o que pode ser percebido neste depoimento de uma professora iniciante:

> Nós estamos refletindo sobre nossas ações na sala de aula, principalmente, porque somos iniciantes, então, temos um montão de coisa para aprender ainda. Mas a reflexão que estamos fazendo aqui toda semana está ajudando a entender um pouco mais a nossa turma, nos ajuda a visualizar como podemos agir diante de determinadas situações; então, eu penso que esse movimento de troca e compartilhamento poderia, sim, ser usado por outros professores, e principalmente com iniciantes. Acredito que seria muito significativo, pois, para nós que estamos começando, está sendo ótimo, ótimo mesmo. Inclusive, penso que deve se espalhar na rede, porque eu mesma queria muito participar de outras formações assim (MV, quarta sessão de pesquisa, 2020).

Nos resultados de nossas pesquisas, identificamos, quanto à ausência de uma política de indução e imersão na rede, que o movimento propiciado pelos diários reflexivos e pelos casos de ensino possibilitou aos iniciantes, técnicos/as e coordenadores/as participantes o exercício não apenas individual, mas também coletivo da reflexão acerca de seus fazeres, assim como da indução e imersão na docência como movimentos necessários e urgentes à profissão.

Nesse exercício formativo, foi possível sinalizar a existência de marcadores que os/as professores/as iniciantes concebem como necessários em seu processo de formação, sendo predominantes o sentimento de pertença, a coletividade-colaboração, o diálogo, o apoio da gestão, a gestão democrática e o compartilhamento de experiências entre professores/as experientes e iniciantes como temáticas e proposições que podem alimentar ações de acolhimento, orientação e acompanhamento, além da criação de políticas de indução e imersão profissional que, de maneira institucional, possam nortear as redes de ensino.

Além desses marcadores, ao longo das pesquisas, outros também foram sinalizados, como: diagnose da equipe docente; apresentação da dimensão cultural da comunidade e da rede de educação; apresentação do Projeto Político-Pedagógico; formação centrada na escola; grupos de discussão e estudo; incentivo à profissionalização com base na formação *lato-stricto sensu*; e espaços para o reconhecimento dos avanços dos/as professores/as iniciantes e coordenadores/as (Gouveia, 2020; Silva, 2021). Pensamos que essas proposições podem direcionar a criação de uma política de indução referenciada no trabalho dos/as professores/as iniciantes, considerando, portanto, os elementos estruturantes de suas práticas e contribuindo para a imersão profissional da cultura da docência.

Considerações finais

Levando em conta a importância das pesquisas no âmbito da formação de professores/as, destacamos como contribuição de nosso estudo a relevância das mobilizações realizadas com professores/as iniciantes no tocante às reflexões propiciadas pelos casos de ensino e diários reflexivos sobre o início na profissão, pois tais movimentos possibilitam exercícios formativos, enriquecendo saberes e ampliando as oportunidades de desenvolvimento profissional.

Retomamos a questão norteadora de nosso estudo, que tomou como objeto a *indução profissional e a imersão de professoras/es iniciantes nas redes públicas municipais do agreste pernambucano*, tendo como objetivo *apresentar e refletir sobre os percursos de indução e imersão vivenciados pelos/as professores/as ao chegar à escola em suas primeiras experiências e como estas encaminham eixos para a formação de uma política pública de formação continuada*, a fim de compreender: quais as demandas percebidas por esses/as professores/as? O que elas apontam? Qual o sentido da indução e da imersão profissional e como elas têm sido mobilizadas nas redes?

Com base nesses questionamentos, vimos que ambas as pesquisas apontam para a necessidade de avanço no que se refere à construção de uma política norteadora da formação desses/as professores/as, o que se confirma entre os elementos evidenciados pelos participantes: *ausência de acolhimento, falta de acompanhamento e de formação que corresponda às demandas, desafios da heterogeneidade e da sobrecarga nas turmas*, entre outros fatores.

Vimos que os/as professores/as iniciantes se confrontam com realidades desafiadoras, em que nem sempre há mediação e suporte para o desenvolvimento de suas atividades. Em paralelo, técnicos/as e coordenadores/as puderam, por meio do movimento propiciado pelas pesquisas, exercitar a escuta das demandas dos/as professores/as, reavaliando suas posturas no tocante a esse acompanhamento e exercitando a elaboração de diretrizes norteadoras para a institucionalização da política de formação continuada de professores/as da rede de ensino.

Evidenciamos também que os movimentos formativos mobilizados nas pesquisas, que tomaram como base os casos de ensino e os diários reflexivos, promoveram uma articulação entre os saberes de professores/as iniciantes, suas demandas e necessidades. Como estratégia de desenvolvimento profissional, foi possível discutir nesses encontros a superação da lógica assistencialista na formação de professores/as, que se vale de programas externos e resultados que não dão conta da complexidade da docência.

Outrossim, os sentidos atribuídos pelos professores/as à indução e à imersão profissional estão diretamente relacionados ao pleno desenvolvimento de suas atividades numa perspectiva autônoma, de desenvolvimento profissional contínuo, numa dimensão ampla que contempla os/as participantes do contexto escolar de modo geral, haja vista que, nas demandas que surgiram em suas narrativas, não se notam interesses individuais, mas coletivos e legítimos ao trabalho docente.

Como achados das pesquisas, podemos destacar o desejo de professores/as iniciantes de estar em contexto de trocas, de colaboração entre pares, aprendendo sempre, assim como a expressão da necessidade de uma política de formação que contemple suas demandas, que envolva os iniciantes e os experientes numa perspectiva dialógica que se articule à gestão escolar de maneira democrática, possibilitando a eles a permanência na profissão e o fortalecimento profissional.

Em síntese, dentre as temáticas e proposições encaminhadas pelos/ as professores/as iniciantes como eixos para a construção de políticas de formação continuada que propiciem uma efetiva aprendizagem da profissão e o desenvolvimento profissional, identificamos o apoio da gestão, o compartilhamento entre pares, a participação nos processos de tomada de decisão, o diálogo, a gestão democrática, a formação centrada nas demandas reais da escola, a apresentação do projeto político-pedagógico, o sentimento de pertença, as possibilidades de grupos de discussão-estudo, entre outras.

Tais eixos precisam se fazer presentes nos processos de indução, para, em consonância, subsidiar a inserção dos/as novos/as professores/ as no exercício docente, propiciando e provocando um mergulho nas características e nas experiências reais da profissão, minimizando as tensões desse período. Reiteramos, assim, as contribuições dos casos de ensino e dos diários reflexivos como estratégias formativas e de pesquisa que fomentam a construção e a reflexão dos elementos de maneira referenciada nos/as próprios/as professores/as e em seus trajetos formativos, nos quais percebemos, ainda, o avanço no olhar dos/ as próprios/as técnicos/as e coordenadores/as, que puderam repensar ações para receber os/as professores/as iniciantes nas redes em que atuam e conscientizá-los/as ainda mais de seus papéis de formadores e impulsionadores das diretrizes que elaboraram ao longo das pesquisas.

Os/as participantes realizaram um movimento de autoavaliação e autorreflexão sobre suas práticas profissionais, passando a reconhecer os elementos fundamentais da indução e da imersão na docência, entendendo as ações de acolhimento, orientação e acompanhamento profissional como indispensáveis aos processos formativos voltados a professores/as iniciantes. Nesse caminho, os/as formadores/as também puderam se perceber como atores-autores essenciais na constituição de tais ações, sendo compreendidos não como aqueles que estão acima dos/as professores/as, mas como aqueles que podem construir com eles novas perspectivas para o desenvolvimento profissional.

Por fim, pensamos que o movimento das pesquisas evidencia a resistência dos/as professores/as iniciantes que, embora em contextos desafiadores e em redes que não os/as agregam, persistem em seus fazeres. Ao desempenharem atitudes colaborativas de ações entre si que retroalimentam seus fazeres, encontram um caminho de fortalecimento para seguirem em atuação, reconhecendo ainda que esse movimento se dá de maneira contínua e constante. Entendemos que, em movimentos de reflexão como esses, os professores/as abertos/as a aprender podem construir e trilhar novos percursos para a formação docente de modo geral, impactando não apenas suas próprias trajetórias, mas as dos próximos iniciantes que chegarão a esses espaços, e assim por diante.

Referências

AMBROSETTI, N. B. *et al*. Formadores escolares: perspectivas de atuação em processos de indução à docência. *Reveduc – Revista Eletrônica de Educação*, v. 14, p. 1-19, jan./dez. 2020.

ANDRÉ, M. E. D. A. de. Professores iniciantes: egressos de programas de iniciação à docência. *Revista Brasileira de Educação*, Rio de Janeiro, v. 23, p. 1-20, 2018. Disponível em: https://www.scielo.br/j/rbedu/a/BY5fzpxPtrsBp5gbhXYJcfj/?format=pdf&lang=pt. Acesso em: 2 jul. 2024.

BRASIL, I. C. R. L. *Formação profissional e atuação de professores iniciantes na docência: um estudo exploratório*. 2015. Tese (Doutorado em Educação) – Universidade Católica de Brasília, Brasília, 2015.

DOMINGUES, I. M. C. S.; SARMENTO, T.; MIZUKAMI, M. da G. N. Os casos de ensino na formação-investigação de professores dos anos iniciais. *In*: DORNELLES,

L. V.; FERNANDES, N. *Perspectivas sociológicas e educacionais em estudos da criança: as marcas das dialogicidades luso-brasileiras*. Braga: Universidade do Minho/Instituto de Estudos da Criança, 2012.

GIORDAN, M. Z.; HOBOLD, M. de S. A escola como espaço de formação de professores iniciantes. *Revista Reflexão e Ação*, Santa Cruz do Sul, v. 24, n. 3, p. 7-25, set./dez. 2016.

GOUVEIA, R. W. S. F. *Casos de ensino com professores iniciantes: caminhos de imersão na docência e desenvolvimento profissional*. 2020. Dissertação (Mestrado em Educação) – Universidade Federal de Pernambuco, Caruaru, 2020.

HUBERMAN, M. O ciclo de vida profissional dos professores. *In*: NÓVOA, A. (org.). *Vida de professores*. 2. ed. Porto: Porto, 2000. p. 31-61.

MANSO, J. El acompañamiento y la inserción profesional de los docentes noveles. *Profesorado. Revista de Currículum y Formación de Profesorado*, v. 25, n. 2, p. 1-4, 2021.

MARCELO, C.; LÓPEZ FERREIRA, M. A. El acompañamiento a docentes principiantes. Análisis y resultados de un programa de inducción. *Archivos Analíticos de Políticas Educativas*, v. 28, n. 108, p. 1-25, 2020.

MARCELO, C.; VAILLANT, D. Políticas y programas de inducción en la docencia en Latinoamérica. *Cadernos de Pesquisa*, São Paulo, v. 47, n. 166, p. 1224-1249, out./dez. 2017.

MELLO, G. N. Formação inicial de professores para a educação básica: uma (re)visão radical. *Perspectiva*, São Paulo, v. 14, n. 1, jan./mar. 2000.

MIZUKAMI, M. da G. N. Casos de ensino e aprendizagem profissional da docência. *In*: ABRAMOWICZ, A.; MELLO, R. R. (org.). *Educação: pesquisa e prática*, v. 1. Campinas: Papirus, 2000. p. 139-161.

NÓVOA, A. Entre a formação e a profissão: ensaio sobre o modo como nos tornamos professores. *Currículo sem Fronteiras*, v. 19, n. 1, p. 198-208, jan./abr. 2019.

PAPI, S.; MARTINS, P. As pesquisas sobre professores iniciantes: algumas aproximações. *Educação em Revista*, Belo Horizonte, v. 26, n. 3, p. 39-56, dez. 2010.

PRÍNCEPE, L. M.; ANDRÉ, M. E. D. A. de. Condições de trabalho na fase de indução profissional dos professores. *Currículo sem Fronteiras*, v. 19, n. 1, p. 60-80, jan./abr. 2019.

REIS, P. *A indução como elemento-chave na formação e no acesso à profissão dos professores*. Lisboa: Conselho Nacional de Educação, 2015. Coleção Seminários e

Colóquios. Disponível em: https://www.researchgate.net/publication/287216189. Acesso em: 3 fev. 2020.

SILVA, M. B. da. *Tecendo caminhos indiciários da indução profissional de professores iniciantes na cultura organizacional escolar de uma rede pública municipal de educação no Agreste pernambucano.* 2021. Dissertação (Mestrado em Educação) – Universidade Federal de Pernambuco, Caruaru, 2021.

TARDIF, M.; RAYMOND, D. Saberes, tempo e aprendizagem do trabalho no magistério. *Educação & Sociedade*, v. 21, n. 209, dez. 2000.

ZABALZA, M. A. *Diários de aula: um instrumento de pesquisa e desenvolvimento profissional.* Porto Alegre: Artmed, 2007.

SOBRE OS AUTORES

Adriana Teixeira Reis (org.) é mestre pelo Programa de Estudos Pós-Graduados em Educação: História e Filosofia da Educação e doutora pelo Programa de Estudos Pós-Graduados em Educação: Psicologia da Educação, ambos da Pontifícia Universidade Católica de São Paulo (PUC-SP), onde realiza seu estágio de pós-doutoramento. Atua como formadora de professores há mais de 30 anos.
E-mail: adrianateixeirareis@gmail.com

Ana Silvia Moço Aparício é mestre e doutora em Linguística Aplicada pela Universidade Estadual de Campinas (Unicamp). Atua como professora do curso de Pedagogia e do Programa de Pós-Graduação em Educação na Universidade Municipal de São Caetano do Sul (USCS).
E-mail: anaparicio@uol.com.br

Carlos Eugenio Beca é professor de Filosofia da Universidade Católica do Chile, além de professor do Programa de Liderança Educacional da Faculdade de Educação da Universidade Diego Portales, no Chile. Integrou a Secretaria Técnica de Estratégia Regional de Docentes da Unesco (2011-2019).
E-mail: ebecainfante@gmail.com

Daniela de Ávila Pereira Lourenço é doutoranda em Educação pela UFSCar/Sorocaba. Atua como supervisora de ensino na prefeitura de Sorocaba.
E-mail: danielaavila.sedu@gmail.com

Elana Cristiana Costa é doutoranda do Programa de Pós-Graduação em Educação da Universidade Federal do Rio de Janeiro (UFRJ), onde obteve o título de mestre.

Professora da Rede Municipal de Educação de Niterói, atua hoje na gestão da Secretaria Municipal/Fundação Municipal de Educação.
E-mail: profelana@hotmail.com

Érica Cristina de Souza Sena possui graduação em Pedagogia pela Universidade do Grande AB e é mestre em Educação pela Universidade Municipal de São Caetano do Sul (USCS). Atua como professora de ensino fundamental I na prefeitura de Santo André.
E-mail: ericacssena@gmail.com

Fernanda Lahtermaher é mestre e doutora em Educação pelo Programa de Pós-Graduação em Educação da Universidade Federal do Rio de Janeiro (UFRJ). Atua como professora dos anos iniciais no Colégio de Aplicação/UFRJ.
E-mail: felahter@gmail.com

Francine de Paulo Martins Lima, doutora em Educação pela Pontifícia Universidade Católica de São Paulo (PUC-SP), é docente permanente da Universidade Federal de Lavras (UFLA) e do Programa de Pós-Graduação em Educação – Mestrado Profissional (PPGE/UFLA). Lidera o Grupo de Pesquisa sobre Formação Docente, Práticas Pedagógicas e Didática (Forpedi/CNPq/UFLA) e integra a Rede de Estudos sobre Desenvolvimento Profissional Docente (Redep).
E-mail: francine.lima@ufla.br

Giseli Barreto da Cruz é mestre e doutora em Educação pela Pontifícia Universidade Católica do Rio de Janeiro (PUC-RJ). Realizou estágio pós-doutoral na Pontifícia Universidade Católica de São Paulo (PUC-SP). É professora associada da Faculdade de Educação da Universidade Federal do Rio de Janeiro (UFRJ) e docente permanente do Programa de Pós-Graduação em Educação da mesma instituição.
E-mail: giselicruz@ufrj.br

Gláucia Signorelli, doutora em Educação pela Pontifícia Universidade Católica de São Paulo (PUC-SP), é docente permanente da Universidade Federal de Uberlândia (UFU) e do Programa de Pós-Graduação em Educação – Mestrado Profissional da Universidade Federal de Lavras (UFLA). Integra o Grupo de Pesquisa sobre Formação Docente, Práticas Pedagógicas e Didática (Forpedi/CNPq/UFLA) e a Rede de Estudos sobre Desenvolvimento Profissional (Redep).
E-mail: glauciasignorelli@gmail.com

Ingrid Boerr tem pós-graduação em Educação pela Universidade Metropolitana de Ciência da Educação (UMCE) e mestrado em Gestão e Planejamento Educacional pela Universidade das Américas, no Chile. Atualmente, é secretária acadêmica da escola de educação infantil da Universidade das Américas e membro da equipe profissional do Centro de Estudos e Desenvolvimento da Educação Continuada para a Docência da Universidade do Chile.
E-mail: ingridboerr@gmail.com

Laurizete Ferragut Passos (org.) é mestre em Educação pela Universidade Estadual de Campinas (Unicamp) e doutora em Educação pela Universidade de São Paulo (USP). Professora aposentada da Universidade Estadual Paulista (Unesp), atua como professora no Programa de Pós-Graduação em Educação: Psicologia da Educação e no programa de Pós-Graduação em Educação: Formação de Formadores, da Pontifícia Universidade Católica de São Paulo (PUC-SP).
E-mail: laurizetefer@gmail.com

Lisandra Marisa Príncepe é doutora em Educação: Psicologia da Educação pela Pontifícia Universidade Católica de São Paulo (PUC-SP). Atua como professora titular na Universidade Paulista (Unip).
E-mail: lisandraprincepe@gmail.com

Maria de Fátima Ramos de Andrade é mestre em Educação pela Universidade de São Paulo (USP), doutora em Comunicação Semiótica pela Pontifícia Universidade Católica de São Paulo (PUC-SP) e pós-doutora em Políticas e Práticas da Educação Básica e Formação de Professores pela Fundação Carlos Chagas (FCC). Atua como professora nos cursos de graduação e pós-graduação em Educação da Universidade Presbiteriana Mackenzie e da Universidade Municipal de São Caetano do Sul (USCS).
E-mail: mfrda@uol.com.br

Maria Joselma do Nascimento Franco é doutora em Educação pela Universidade de São Paulo (USP). Atua como professora no Programa de Pós-Graduação em Educação Contemporânea da Universidade Federal de Pernambuco (UFPE) – Centro Acadêmico do Agreste (CAA).
E-mail: mariajoselma.franco@ufpe.br

Mônica Batista da Silva é mestre em Educação Contemporânea pelo Programa de Pós-Graduação em Educação Contemporânea da Universidade Federal de Pernambuco (UFPE) – Centro Acadêmico do Agreste (CAA).
E-mail: monicabatista.ufpe@gmail.com

Patrícia Cristina Albieri de Almeida (org.) é mestre e doutora em Educação pela Universidade Estadual de Campinas (Unicamp). É pesquisadora sênior da Fundação Carlos Chagas (FCC) e professora do mestrado profissional em Educação do Centro Universitário Adventista de São Paulo (Unasp).
E-mail: palmeida@fcc.org.br

Ray-lla Walleska Santos F. Gouveia é doutoranda em Educação Contemporânea pelo Programa de Pós-Graduação em Educação Contemporânea da Universidade Federal de Pernambuco (UFPE) – Centro Acadêmico do Agreste (CAA).
E-mail: rayllawsf@gmail.com

Renata Prenstteter Gama, mestre em Educação pela UFSCar/Sorocaba, é professora doutora no Departamento de Metodologia de Ensino da UFSCar/São Carlos.
E-mail: rpgama@ufscar.br

Rodnei Pereira é doutor em Educação: Psicologia da Educação pela Pontifícia Universidade Católica de São Paulo (PUC-SP). Atua como professor titular na Universidade Paulista (Unip) e professor no Programa de Pós-Graduação em Educação da Universidade Cidade de São Paulo.
E-mail: rodnei.pereira@unicid.edu.br

Rosana Maria Martins é doutora em Educação. Atua como professora no curso de Pedagogia e na Pós-Graduação em Educação da Universidade Federal de Rondonópolis (UFR).
E-mail: rosanamariamartins13@gmail.com

Simone Albuquerque da Rocha é doutora em Educação. Atua como professora no curso de Pedagogia e na Pós-Graduação em Educação da Universidade Federal de Rondonópolis (UFR).
E-mail: simone103232@gmail.com

Vivian Maggiorini Moretti é mestre em Educação pela UFSCar/Sorocaba. Atua como professora do ensino básico.
E-mail: vivian.moretti@estudante.ufscar.br

Walkiria de Oliveira Rigolon é doutora em Educação: Ciências Sociais na Educação pela Universidade Estadual de Campinas (Unicamp). Atua como professora titular na Universidade Paulista (Unip).
E-mail: walkiria.rigolon@uol.com.br